金融可以创造历史2

王巍 著

中国 友谊出版公司

第三版序言

2020 年是不寻常的，全球疫情和全球化的逆转使得我们进入一个变化莫测的环境，每个人都在重新审视未来和自己的定位。我们习惯了几十年突飞猛进的增长，多少淡化了周期轮回的感觉。从更大的历史跨度看，起伏和循环几千年来都是磨砺社会文明的利器，也是可以从容不迫应对的。多少令人欣慰的是，我近年来投身的金融博物馆事业得到了一个新的机遇。

以历史收藏为中心的传统博物馆重在线下体验，疫情中关闭了很多。但是以观念传播为中心的创新博物馆则很便利地转到线上继续发展，而且吸引了更大的人流。2020 年 6 月 12 日，是天津金融博物馆创立 10 周年的纪念日。因疫情，我们将庆祝活动安排在线上举办。在几家主要传媒平台的协助下，大约 285 万人参加了两个小时的线上活动，蔚为壮观。

10 年来，我们陆续在天津、苏州、北京、上海、沈阳、宁波、井冈山、香港、成都和郑州创建了 11 家不同主题的金融博物馆，超过 400 万来宾莅临。2020年我们又签约了两家新的金融博物馆落地。这自然源于金融成为当下社会的主流竞争力，也源于中国民众财富增长和金融意识的提升，但更重要的，金融已经从一个曾经不齿于士林、阴谋论笼罩的阿堵物，成为推动经济增长、社会进步的文明要素之一，这正是几十年改革与开放的重大成就。

10 年前，我在创建金融博物馆的初期，需要发掘和讲述大量取材于历史的故事，说明金融的积极意义，建立金融与文明的联系，获得大众的亲近与认同感。《金融可以创造历史》两本书，就是在建馆过程中自我启蒙也传播大众的产物。两本书不断被加印，也获过嘉奖，经常成为金融圈送人的礼物，也成为我在不同场合得到关注的因缘。我一向认为，金融不仅仅是一个制度，也是一种生活态度，而态度就决定了在现实和历史上留下的印迹。

出版社要再版此书，不免忐忑一番。再次检点了全书，发现可以调整处不多，索性就放手让编辑任意斧正了。何以懒惰，原因有三：

第一，当年心血之作，的确认认真真，并无太多糊涂而对不起读者之处。今日如有提高，或可另外著书立说，不必苛求原来的自己。

第二，今日金融史突然成为显学，各种同类的境内外书籍很多了。我是原汁原味的著述，自觉剪裁改编技巧太拙，不应献丑。

第三，金融博物馆已经遍布全国十几个城市，这两本书都是读者选购和赠送的热门产品，保持原来风格也是对得起当年的读者。

如之前，本书是我倾心打造金融博物馆的产物，如有稿酬，依旧全部捐给博物馆，做公益之用。

王巍

系列金融博物馆创始人

2020 年 8 月

目 录／CONTENTS

乘坐"五月花"号横渡大西洋的第一批美国人，带来节俭传统，在这片新大陆播下《圣经》福音——"借债的人就是痛苦的人"。然而，无论是东海岸修筑铁道的工人，还是南方的种植园主，避免债务似乎都是不可能的。他们对"美国梦"的追寻，伴随着以债务之桥直达理想的向往，与本能般节俭之间的长久纠结。

约翰·皮尔庞特·摩根，这位垄断时代最后一个金融大佬，被称为"华尔街的拿破仑"，就其两次拯救美国经济的伟绩而言，这个头衔并不夸张。在民间演绎的文本中，他被塑造为贪婪的代名词，他的商业创新被认为是巧取豪夺之举，他对财富和权势的追求被视为阴谋和贪婪，他的生活方式当然是腐化和堕落的。当我们学会摒弃道德的有色眼镜，开始正视摩根的贡献，才能在那段波澜壮阔的历史中汲取更多的养料。

从某种意义上来说，美国是一个被"发明"出来的国家，它的思想、民主、生活方式，甚至名字都是被创新出来的。从本杰明·富兰克林时代开始，尊重知识就成了这个国家最鲜明的特征。可以说，在这片被平民精神激发出了无穷能量的土地上，无论你出身于何种阶层，只要有才华、有能力、有专长，不需要依赖于所谓的家世背景或政治权力，通过个人的勤奋、勇气、决心去奋斗，就能实现自己想要的美好生活——这是"美国梦"，它为所有渴望逆袭的人提供人人均等的机会。而它的基础，则是源于对知识、创新、发明和思想的尊重，或者说，源于对专利的保护。

1944 年 7 月 1 日，第二次世界大战进入尾声之际，在美国的邀请下，44 个国家的经济特使聚集在美国新罕布什尔州的一个叫作布雷顿森林的小镇上。经过 3 周的讨论，会议通过了以"怀特计划"为基础制定的《国际货币基金协定》和《国际复兴开发银行协定》，确立了以美元为中心的国际货币体系，即布雷顿森林体系。此次会议的影响堪与雅尔塔会议相媲美，前者界定了世界经济格局，后者则确定了世界政治格局。主流观点认为，布雷顿森林体系是美国经济霸权确立的标志，所幸它在 20 世纪 70 年代崩溃了。实际上，作为二战后国际经济环境稳定的基础，布雷顿森林体系并未失败，而是升级了。

中华人民共和国成立后，中国共产党在全国范围内对农业、工商业和手工业进行社会主义改造，迅速实现了把生产资料私有制转变为公有制的既定目标，初步建立了社会主义基本制度。"三大改造"中，工商业的改造是重点。工商业的改造又分为两个方面：一个是将私营企业改造为公私合营，一个是将私营企业主（资本家）改造为"自食其力"的劳动者。在中国共产党强力推动下，甚至出现了资本家敲锣打鼓庆祝公私合营的景象。回顾这段历史，有助于我们重新认识价值的规律、商业逻辑以及未来的方向。

在搜索引擎中输入"垃圾债券"（junk bond），大多数的页面会出现一个人的名字——迈克尔·米尔肯。在今天的美国康普顿百科全书里，迈克尔·米尔肯的名字亦与"违法操作""内部交易"等关键词紧密相连。面对指控，他表示这是历史理解问题，未来终将还他清白。2011 年和 2012 年他在家里和北京两次与我见面时都强调，当年与他一起被起诉的几个同案嫌疑人经过近 10 年的抗诉，最后都胜诉了，也间接证明了他本人无罪。我问他当时为什么认罪，他笑着说：我有钱，他们没有钱。我可以交钱认罚，换来时间办我想做的有意义的事情，而不是浪费在教育法官和不懂金融的一批人身上。现在，米尔肯建立了一个米尔肯研究院，每年邀请全球最重要的思想家举办论坛，每次都有 2000 人左右，影响巨大。他非常认可中国金融博物馆的创立，也表达了要一起推动金融教育的愿望。

1907 年秋，军机大臣兼外务尚书袁世凯入宫觐见慈禧太后，刚入殿不久，一个小太监就慌慌忙忙地跑进来汇报宫内某处又"走水"了，走水即失火。北京向来干燥少雨，房屋又多为木材建造，极易发生火灾，皇宫大内也是如此，为了预防火灾，宫廷曾在武英殿前设置激桶处，组织了一支 200 人左右的激桶兵，所谓激桶就是专门装灭火用水的大水缸。这次宫内失火，虽然被激桶兵奋力扑灭了，但是因为取水不便，还是造成了部分宫殿损毁。慈禧太后颇为无奈地问袁世凯："防火有何良策？"袁世凯赶紧回答："以自来水对。"慈禧便将筹建自来水厂的工作交给了袁世凯，袁世凯又推荐周学熙来具体办理。于是，北京自来水厂的一段传奇经历就此拉开。

20 世纪 70 年代之前，人们普遍认为日本是对美国言听计从的跟班，无独立的政治、经济地位可言，一旦日本敢于挑战美国的权威，后果不堪设想，一个经典的例子就是所谓的"广场协议"。在广场协议之前，日本经济飞速发展，美国经济则停滞不前；而广场协议之后，形势出现逆转，美国经济欣欣向荣，日本经济一蹶不振，就此开始了"失去的 10 年"。广场协议成为美国打压日本成长的武器，由此形成了国际资本市场阴谋论的来源。

第二十章　庞氏骗局和温州跑路潮　/ 193

次贷危机爆发后，华尔街被千夫所指，而麦道夫的锒铛入狱，被认为是给了华尔街又一个"响亮的耳光"。伯纳德·麦道夫这个曾经德高望重的资深人士，被指控犯有证券欺诈、洗钱、伪证等多达11项罪名，在20多年的时间中，从成千上万的客户中骗取了超过500亿美元的资金。其欺诈的手段被简化为"庞氏骗局"再现，用我们习惯的说法即"拆东墙，补西墙"。结果，麦道夫接受了所有指控，承担了所有罪责，坐实了"惊天巨骗"的封号。值得注意的是，在信息空前发达的当下，近百年前的古老把戏是否还能玩得转？所谓麦道夫"庞氏骗局"背后，又有哪些值得商榷与思考的成因？

第二十一章　次贷危机的来龙去脉　/ 201

次贷危机之后，我曾邀请时任美国金融博物馆馆长的 Lee Kelleren 来中国讨论合作事宜。在中国期间，他在北京国宾酒店做了一场演讲，讨论次贷危机。那次的演讲很成功，他把复杂的金融问题用老百姓能够理解的语言娓娓道来，幽默有趣。在提问环节，有人问次贷危机是不是华尔街的阴谋。他的回答很简单，美国为什么要隔着自己的脑袋去向别人的脚开枪呢？

第二十二章　KKR 的杠杆收购　/ 209

KKR 的杠杆收购，这个早期低调的公司屡屡刷新着收购交易的纪录，不出意料地，它的名字常常和这样的形容词联系在一起：最大的、最疯狂的、最冷酷的……若干诸如此类的渲染形容之后，人们往往将其所作所为盖棺论定为"恶意收购"。在金融乃至商业领域，我们似乎已经习惯了"巧取豪夺""贪婪"等义正词严的形容词，却往往会忽视事实背后的真相——如果抛开那些道德领域的指责，可能我们不难发现，这些被视为不道德的商业行为，恰恰促进了社会的进步。

在新兴的互联网行业，吉姆·克拉克连掘数井，完成了一项史无前例的创举——创办了三家市场价值均在 10 亿美元以上但又风格各异的技术公司，大大改变了计算机业的面貌，因此被评价为"今后 20 年内硅谷最有影响力的名字之一"。作为一个有目标的叛逆者，他一直在改变和打破原有的规矩，改变了人们对于投资动力的认识，让"风险投资"这一观点真正被大家所认识，激发了投资者们对新兴企业的巨大热情——"将世界甩在身后"，他亲手拉开了一个新的创业时代的序幕。

第一章

地理大发现
背后的黄金梦

　　从15世纪到17世纪，在大西洋、印度洋远至太平洋海面上，"地理大发现"风暴正席卷而来。往往能带来几倍乃至几十倍利润的远洋冒险，令欧洲各国的热情空前高涨。他们的船只成群结队地出现在世界各处的海洋上，寻找着新的贸易路线和贸易伙伴——以追求土地、奴隶、黄金为目的的航海热，激荡了整整300多年。

通往东方的新航路

15 世纪中期，土耳其的奥斯曼帝国征服了整个中东和近东地区，并占领了君士坦丁堡，将途经地中海的东西方贸易通道牢牢地控制在自己手中——对来往商船横征暴敛，军队也可以随意敲诈抢劫外来客商。香料、丝绸、茶叶等运抵欧洲的东方商品不仅数量大减，也愈发昂贵，很多甚至比原价高出几倍。西欧各国贵族、商人和新兴资产阶级迫切需要打破阿拉伯人的封锁，重新开辟一条绕过地中海东部、少风险、多赚钱、直接通往东方的新航路。

欧洲众多著名的航海家如群星般闪耀于大航海时代：克里斯托弗·哥伦布、瓦斯科·达·伽马、佩德罗·阿尔瓦雷斯·卡布拉尔、胡安·德拉科萨、巴尔托洛梅乌·迪亚士、乔瓦尼·卡波托、胡安·庞塞·德莱昂、斐迪南·麦哲伦与胡安·塞巴斯蒂安·埃尔卡诺……他们以前赴后继的勇气和生命代价，不断开拓人类生存的空间——在 15 世纪中叶，人类已知的陆地面积只占全体陆地的 2/5，航海区域亦只有全部海域的 1/10；到了 17 世纪末，地球的真面目已经昭然若揭。

1497 年，以达·迦马为首的船队首次沿迪亚士航线南下，绕过好望角，经非洲东岸到达印度西南部的卡利卡特，开辟了从大西洋绕非洲南端到印度的航线，至此，陆上丝绸之路不再是通往东方市场的唯一途径。1492 至 1504 年，哥伦布先后四次从西班牙西进，希望抵达东方的印度，尽管没有能够达到目的，但却阴差阳错地发现了美洲大陆，开辟了穿越大西洋到达美洲的航线。

由于欧洲至印度的最有利的通商航路先后被西班牙和葡萄牙所占据，荷兰和英国不得不北上在高纬度地区寻找通往印度和中国的新航路。16世纪，荷兰为探寻一条由北方通向中国和印度的航线，曾三次航行北冰洋地区，到达了新地岛最北端、喀拉海和瓦加奇岛。17世纪初，英国也屡次探索经北冰洋通向中国的航路，并于1616年到达美洲南端的合恩角。

还有两个人在那段历史中留下了浓墨重彩的印记。13世纪，一本描写东方如何富裕的小书被译成欧洲各国文字出版，如同风暴来临前一道振聋发聩的闪电，激起西方人对东方的热烈向往。马可·波罗根据自己在东方国家的见闻所著的《马可·波罗游记》，向欧洲人描绘出一幅无与伦比的东方"藏金图"，这个在后世长达百年的时间里被多数人认为是"疯子"的意大利人，双手拉开了东西方贸易与文明交融的序幕。

如果说马可·波罗是地理大发现的启蒙者，那么，西班牙女王伊莎贝拉一世就是地理大发现的重要推手，她坚定地支持任何开疆扩土的冒险活动，觊觎东方世界的巨大财富，资助了哥伦布等一批探险家的远航。意大利人哥伦布的成功使得她也名垂史册。此后一个世纪，西班牙依靠广阔的海外领地和源源不断的黄金输入，确立了一时的世界霸权。

地理大发现的三大主要动力

关于地理大发现的动因问题，很多学者给出过不同的答案，一种比较传统的说法是地理大发现由宗教问题引起。西欧的文化传统（包括宗教）一直鼓励扩张，直到信仰伊斯兰教的奥斯曼帝国威胁到了信仰基督教的西欧各国的生存，葡萄牙人为了寻找传说中的东方基督教王国（大体上在今天的埃塞俄比亚境内），沿非洲西海岸南下，希望通过海路到达非洲东部，与之联合共同夹击穆斯林。早在15世纪中，葡萄牙的祖拉拉在写"航海家"亨利王子传记时，就

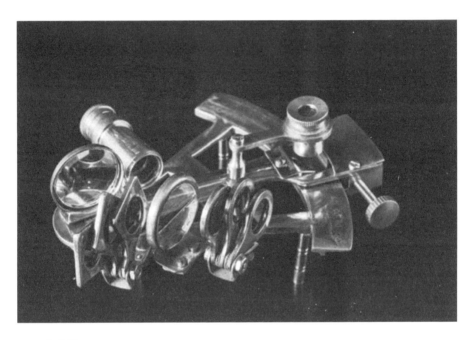

六分仪

将此作为葡萄牙人在非洲西海岸进行探险的目的之一。基督教的普世主义认为，凡是有人的地方就应该有上帝，不管是教皇、探险家还是普通水手，都怀有这种信念，而这就成了地理大发现的重要精神动力。

地理大发现也得益于欧洲骑士们的探险精神和科学技术的进步。很难想象没有指南针的应用，大洋中航行的船只如何能够轻松地辨识方向，船只的航行效率也是借指南针之力才得以成倍的提升；同一时期，远洋航行所需要的仪器和海图也有了进一步的发展；葡萄牙人在造船方面领先了一步，他们制造出了适于在大海里航行的大型多桅快速帆船，主桅杆上能够挂上更多的帆以适应不同的风向与海流。在短短的几个世纪之内，欧洲人或是学会使用，或是动手发明改造了诸如罗盘、六分仪、海图、三角帆、艉舵、三桅帆船等工具或技术，拥有了在各种复杂气候条件下进行远洋探险的底气。

不过，最容易让人接受的还是商业的动机。人们也可以从哥伦布的观点出发，一窥地理大发现背后的深层次原因："黄金真是个奇妙的东西，谁有了它，谁就可以为所欲为。有了黄金，甚至可以使灵魂升入天堂。"中世纪以来，欧洲的羊毛等商品对于中国人、印度人毫无吸引力可言，他们不得不用大量的金银来换取香料和丝绸等商品。长期入不敷出和贵金属大量外流的结果，使欧洲对金银的需要愈加迫切。欧亚之间经济结构的不平等，最终驱使着欧洲的商人、航海家、封建主们争先恐后地投身于地理大发现的浪潮之中。

赤裸裸的"黄金梦"

无论事先论证和事后说明如何具有公众接受的道德性质，以金银为主要目标的财富追求始终是显而易见的，其他多是赋予正义标志的刻意拔高，如宗教的普世价值、人类的探险精神、国家的竞争等等。

认真翻阅地理大发现期间那一本本厚重的历史资料，不难发现一个很重要

卡瑞克帆船　在 15 世纪时西班牙和葡萄牙两个海上强国，就是使用这种帆船来进行远洋探险，并建立了一个又一个的殖民地。

一艘经过改良的卡拉维尔帆船

的背景是欧洲封建制度的瓦解和资本主义的觉醒。伴随欧洲封建庄园自给自足自然经济的瓦解、农业生产力和劳动分工程度的提升而来的，是商品经济的复苏、交易活动的增加。物物交换的交易方式逐渐被货币的交易媒介功能所取代，对货币尤其是贵金属的整体需求急速增加，对黄金、白银的渴求就成了欧洲人航海探险的强大推动力。

从地理大发现带给西欧的经济回报角度分析，也能够得出同样的结论。领先新航路开辟的国家获得了巨大的财富。1493—1600 年间，葡萄牙从非洲获得了黄金 276 吨，仅在 18 世纪就从巴西取得了价值 10 亿美元的黄金和金刚石。到 16 世纪末叶，西班牙已拥有当时世界贵金属开采量的 83%，墨西哥、秘鲁、智利、玻利维亚等地盛产的金银被大量运往西班牙。在 3 个世纪里，西班牙从拉丁美洲获取了 255 万公斤的黄金和 1 亿公斤的白银，约值 60 亿美元，仅1800 年运往西班牙的金银就值 4000 万美元（当时世界上接近一半的黄金流入西班牙）。英国的弗朗西斯·德雷克 1577 年的一次南美之旅，载回的满船金银、财宝和香料估计价值就达 50 万英镑，几乎等于王室一年的收入。从 15 世纪末到 16 世纪末，全欧洲黄金储量由 55 万公斤上升到 119.2 万公斤；白银储量由 700 万公斤上升到 2140 万公斤。

正如恩格斯所说："葡萄牙人在非洲海岸、印度和整个远东寻找的是黄金，黄金一词是驱使西班牙人横渡大西洋到美洲去的咒语；黄金是白人刚踏上一个新发现的海岸时所要的第一件东西。"

创新背后的金融动力

贸易与商业的运转需要货币中介的充裕和稳定，同样，国际贸易的扩张也需要货币总量和周转的扩张。在依靠金属货币的中世纪，金银成为各国竞争的核心战略资源。东方世界的金银宝藏成为凝聚国家力量的战略指向和创新源头。

　　这是一种资本主义扩张式的创新，创新可以不断叠加创新，创新能够持续带来创新。从自中国经由阿拉伯人传来的罗盘、火药和指南针，到地图、航海术和造船术，概莫能外，无不讲述着有关创新的神奇故事。随着技术的进步，卡瑞克帆船与卡拉维尔帆船相继在伊比利亚半岛出现，远洋探险成为可能。这些融合了传统阿拉伯船只与传统欧洲船只特点的帆船，首次能离开风平浪静的地中海，安全地驶向大西洋的开放水域进行探索。之前在 15 世纪上半叶，约翰内斯·古腾堡整合前人技术发明的铅字活字印刷术，也为地图及科技知识的普及做出了贡献。

　　当然，后人在享受古人科技创新和商业发展的成果时，也非常乐于在财富追逐之上发掘道德的意义，也使得绵绵不绝的财富动机得以广为人所接受和正当化。宗教动机和文明传播的渲染自然是最为优先的理由。在各个先驱者后裔们不断提升和美化的过程中，黄金和白银的原始动力则被隐藏起来或者归结为少数人的道德贪婪。人类的进步历史就这样被文明化了。

　　其实，直到今天，金钱仍然是科技进步和文明深化的主要驱动力。雅虎、谷歌、苹果和脸书等的互联网革命给人类生活和文明带来的价值改变如同 500 年前的地理大发现一样伟大，而启动这些革命产品的创业者们依然强劲地追求资本的呵护，因为资本才是他们淘汰竞争对手的真正原因。

　　黄金滚滚而来的一个意外结局是，一度强大的西班牙和葡萄牙改变了自己的发展轨迹。他们从新大陆运来一船又一船黄金白银迅速流向奢侈消费，仿佛只需海盗式掠夺和贸易便可以造就永久的国家财富。任何具有风险成本的科技创新和工业投资都过于遥远，无法抵御当下的享受。于是，落后一步的其他欧洲国家只能逆境求生，创造出了新的发展路径，启动了欧洲的工业革命时代。

第二次全球化高潮

第一次全球化高潮是在2000年前的欧亚大陆上展开的。"丝绸之路"是西汉时张骞出使西域开辟的以西安为起点和东汉时班超以洛阳为起点，经关中平原、河西走廊、塔里木盆地，到锡尔河与阿姆河之间的中亚河中地区、大伊朗，并联结地中海各国的陆上通道。初级农副产品交流和区域性军事结盟是这次全球化的动因，它给后世带来更多的传说和想象空间，我们只能在考古和文化人类学中见证。

而从西班牙、葡萄牙人家手工制作的铃铛，也在丝路于1200年没落后，由西班牙、葡萄牙地理大发现时的商船运往非洲和美洲新大陆，换回宝贵的黄金、白银和香料。作为第二次全球化高潮的地理大发现，推动着欧洲殖民者对外扩张，加速欧洲实现资本原始积累。穿梭于大洋间的多桅帆船，开始引领"世界市场"浮出水面。地理大发现之后的300年间，西欧的商人奔走于世界各大洲，将欧洲原有的区域性市场同亚洲、美洲和非洲、大洋洲的许多国家和地区的地方性市场联结起来。

欧洲人给美洲带去了马、牛、猪、羊等牲畜和一些禽类，农作物有甘蔗和各种麦类；非洲所产的咖啡、中国的茶以及东方的香料成了欧美人生活中的必需品；美洲则向世界贡献了许多如玉米、马铃薯、西红柿、烟草、可可等重要作物。人们第一次以商品贸易为纽带，将欧、亚、非、美洲紧紧地联系在一起。原来局部的孤立的地区，从此被卷入世界范围的经济体系。第二次全球化高潮是跨国贸易、资本和人类迁徙的时代，而在制度上的保障便是建立在商业契约基础上形成了各种公司。

公司性质的革命

地理大发现带来的全球性商贸活动，使得商业经营方式发生了影响至今的转变，促进了现代经济管理模式的诞生。在合伙制进一步推广的同时，出现了特权公司、特许公司、股份公司等新兴经济组织形式，现代经济的发展从此开始了新纪元。

新兴的欧洲国家为了获取直接的利益，采取了出卖特权给私人企业的方式，代理行和特许公司随之发展起来。特许公司一类是契约公司，另一类是早期的股份公司，出现于 16 至 17 世纪的荷兰和英国，是其在对外扩张中采用的最重要的商业组织形式，即政府用特权交换利益的典型形式。其中，股份公司又以东印度公司、西印度公司为典型代表。

更微观层面的商业技巧也有创新。由于金银货币融通的数额巨大、转手频繁、距离遥远，钱币业开始从商品流通中独立出来，成为日后金融业的先驱。复式记账法、"记账与划账"的结算制度也在逐渐成形，使债权和债务相互抵充，在任何时点和时段上都可以体现收支状况和资本结余，风险头寸也同时表现出来，这就确定了股份公司的动态价值。今天常见的汇票、用以分摊风险的委托制和合伙制的雏形，乃至保险业也在初露端倪。如果没有地理大发现所提供的契机，这场商业制度革命很难说要在何时才能真正到来。

第二章

吹响工业革命号的
东印度公司

　　在我们的主流意识形态主导下的历史教科书上，英国东印度公司是帝国主义的马前卒、剥削压迫亚洲人民的商业机器，更是罪恶的鸦片战争的帮凶。这固然具有一定的正确性，但简单否定似有片面性。东印度公司是人类历史上第一个真正意义上的跨国公司，它在造就全球经济一体化、贸易市场全球化和股份公司制度上都是奠基者。从更宏观的历史维度上，我们需要了解东印度公司的真相。

15 世纪末至 16 世纪初的地理大发现与新航路的开辟，使得全球市场的图卷缓缓展现于世人眼前。在重商主义思想影响下，面对先期走上扩张道路的葡萄牙、西班牙和荷兰，英国人不甘落后，以更强劲的后发优势，参与到这场涉及远东乃至世界贸易主导权和殖民地的争夺战中。

东印度公司的由来

1595 年，曾在葡萄牙教会任职的荷兰人林希霍登回国后出版了整套东方航海图集，从此通向东方的航路不再是专属少数几个国家的秘密。荷兰率先冲破葡萄牙的海上控制网，并于 1599 年单方面将面向欧洲市场的胡椒价格提高了一倍以上，暴利产生了强烈的示范效应。

1600 年的最后一天，英国女王伊丽莎白一世将特许状颁发给"伦敦商人在东印度贸易的公司"，授予对印度贸易的特权，英国东印度公司率先成立。很快，欧洲多国相继组建起处理东方贸易的商业机构，名为"东印度公司"的就有以下多个：荷兰东印度公司（1602）、丹麦东印度公司（1616）、葡萄牙东印度公司（1628）、法国东印度公司（1664）、瑞典东印度公司（1731）。

在众多东印度公司中，英国、荷兰和法国三家的实力最强。但是，荷兰人把重心放在了东南亚的香料贸易上，对南亚不太重视。而在东南亚与荷兰的斗争失败后，英国人转而决心全力经营南亚。后来的历史证明，这对英国而言是相当明智的选择。

英国人在印度的冒险自 1608 年起，一位名叫威廉·霍金斯的指挥受雇于英

英国东印度公司在伦敦的总部

国东印度公司的"赫克托耳"号来到印度，前往谒见莫卧儿皇帝贾汗季，试图确立在苏拉特的贸易权，但这一企图被葡萄牙耶稣会士搅了局。在打败葡萄牙武装舰队后，英国船只满载这里的棉制品和靛蓝而归，一部分在苏门答腊交换成香料，回到英国以后高价售出。这一年是 1613 年，东印度公司开始在苏拉特立足，并建立起第一个商馆。

到了 1700 年，东印度公司的马特拉斯、孟买、加尔各答三大管区格局正式成形。

在鼎盛时期，这家公司曾拥有全世界最大规模的商业船队，并控制了 50% 的世界贸易！数百年间，印度在它的治下，由一个富饶的独立国家变为英国最重要的殖民地，彻底改变了这个文明古国乃至世界历史的发展进程。

征服印度的过程，也是它从商业垄断走向庞大的权力机构的过程。此时的东印度公司，已经蜕变成集商业、政治、军事、司法于一体的政治集团，位于伦敦的公司董事会成为英属印度最高权力机构。

18 世纪 60 年代起，东印度公司开始走下坡路，1767 年，公司无力交纳英国政府规定的 40 万英镑，开始向政府贷款，财政危机越来越严重。1813 年，东印度公司对印度的贸易垄断权被取消了，1833 年，英政府又取消了它对中国的贸易垄断权。这样，东印度公司不得不走向破产。

导致东印度公司垮台的原因，一种说法是公司职员的贪污走私成风，也可以说是因为印度民众的不断起义，更重要的原因则在于东印度公司是商业垄断资本的代表，当崇尚自由竞争的工业资本在英国迅速壮大以后，商业资本逐渐失去了往日的地位。1858 年，东印度公司被英国政府正式取消，英国政府开始直接统治印度。

亚当·斯密和马克思眼中的东印度公司

政治上，东印度公司是殖民扩张管理机构；经济上，它具有典型的股份制公司的属性。同时代的英国经济学家亚当·斯密在论述公司最初发展的时候，在著作《国富论》中写道："旧的英国东印度公司于 1600 年根据女王伊丽莎白的特许状设立。在它最初 12 次的印度航行中，只有船舶是共有的，贸易资本还是各个人的，仿佛是以一种合组公司的形式在进行贸易。"

东印度公司最初成立的时候，投资者为每一次航海筹集资本，公司每航行一次，就募集一次资本，每次航行结束后，资本退还给投资者，获得的利润则按资本额在入股者之间进行分配。

对于类似东印度公司等早期股份公司的特征，亚当·斯密认为最重要的是两点：首先，股份可以股票的形式自由转让，并随市场价格波动；其次，股东就其股份范围对公司负责。通过股份制公司平台，英王和议会得以借民间财富实现远洋冒险的雄心，这实在是一项共赢之举：让公司具有迫使东方民族就范的雄厚财力，有利于击败国际竞争者；又可以让公司出面扩张，政府居幕后收渔人之利，无须承担费用和风险。

卡尔·马克思在《东印度公司，它的历史与结果》一文中指出，东印度公司是君主立宪制度与享有垄断权的金融巨头联盟的产物，与之相应地，各地自由派资本与自由派王朝也在结成一体。在他看来，东印度公司生存的力量就是贿赂的力量，"它只有向政府贡献新的贷款，奉送新的礼物，才能更换特许状"。因此，无论是东印度公司还是英格兰银行，都在向政府行贿而争取更诱人的垄断权。

马克思写就此文的 1853 年，距离战火弥漫欧陆全境乃至海外领地的"七年战争"不过百年。当时，英国是最大赢家，由此成为海外殖民地霸主。

没有"七年战争"，就没有东印度公司作为军事强权和领土强权的新身份，并奠定"东方不列颠帝国"的基础。在马克思看来，公司的领土是在不列颠海军和陆军的协助下占领的，无论哪一个不列颠臣民都不能离开王室而拥有对某些领土的最高权力。不过，马克思或许没有顾及"七年战争"10 年后的另一事件——正是巨额军费转嫁于北美殖民地，才点燃了波士顿居民倾倒茶叶的导火索，和随后一发不可收拾的美国独立战争，让英国痛失这一流淌着黄金与蜜糖的新大陆。

亚当·斯密关注的是东印度公司在经济制度上的风险控制和利益激励的创新，这也是构成亚当·斯密分工与贸易理论体系的重要思想资源。马克思则关注政府推动下的利益垄断导致的不公平商业贸易条件，也形成他剩余价值学说的思想资源。东印度公司同时成为两个人类重要思想家的观察样本，也是很有意义的故事。

东印度公司在股份公司结构与公司治理方面的革命

最初，这家协会式的公司仅仅募集到 3 万英镑，到 1657 年骤增至 73.9 万英镑，形成由股东大会产生 1 名总裁和 24 名董事的董事会，负责规划每一趟开往东印度的远航船队，满载回金银香料后，再按盈利收入据入股份额进行分配。一般而言，股东对公司具体业务多无所知，会无条件接受半年或一年期的分红。

不过，在公司成立的头几年，每次航海中，投资者都有所变化，投资者不同，人数不同，投资额也有差异。如在 1601 年 2 月，按合股原则组织远征队，资本为 68373 英镑，参与商人有 100 人；而在 1617 年，入股额则达 1620040 英镑。

有英国学者认为，当时筹资组建一支船队到东印度群岛印度、美国等地，相当于"在今天准备筹措一次到火星或月球的航程"。风险来自自然，来自殖民地，来自从政府谋取贸易特权以及组建和维持大规模远洋船队的巨额成本。

随着海外贸易距离急剧增加，时间跨度变长、资本额扩大及海外市场的巨大风险，迫使英国商人变革原有以单个商人经营为主的经营方式。这样，以资本联合为基础，具有独立法人特点的新兴企业组织形式——商业股份公司适应了时代的要求，在不断扩大的海外市场中迅速发展。

从最初的发展到 17 世纪中期的稳定成熟，英国东印度公司基本上是一个有限责任股份公司的商业组织。溯源股份制，正是东印度公司孕育成熟了股份制结构，由此带来公司治理方面的革命，形成公司部门之间互相制约和监控的新局面，使得透明度大大增强。东印度公司有着长达 300 年的历史，如果没有介入政治，可能至今仍然存在，继续引领着股份制和公司治理方面的新潮流。

这家因探索新财富而生的公司，在治理结构上创新不断。东印度公司的内部管理首先采用了任用考试制度，择优选聘；在公司东方贸易的管理机构中，实行委员会集体决策、互相监督的管理机制。公司对内部财务信息、航海记录都有严格管理制度。现在，这些资料保存在伦敦的大英图书馆，许多历史系的优秀毕业生以研究这些珍贵史料作为毕生事业。

甚至，英国政府公务员的录用考核制度，也从东印度公司的文官职业化尝试中得益。公司规定，管理人员中的最高领导必须经过至少长达 15 年以上的基层锻炼选拔。在大班薪酬制度上，公司创造性地通过分割一部分收益，来提高商馆主任级别管理人员的积极性，近似于今天常见的股权激励制度，或称管理层持股计划，同时也让公司一度成为预防腐败贪污的堡垒。

东印度公司对英国工业革命的贡献

此前的英国，恰好是重商主义兴起的16世纪，即都铎王朝统治时期（1485—1603），经历着中世纪以来首次人口快速增长、价格革命、农业革命、宗教改革及商业扩张等一系列划时代事件。手工业发达带来商品交换的日益繁荣，英国社会处于大转型的前夜。其间积累的财富，与强调自由贸易的重商主义思潮，直接为向外扩张市场的东印度公司提供了双重动力。

由东印度公司开启的 17 世纪，英国人承袭西班牙、葡萄牙多桅帆船横越大洋的不可一世，让国家拥有更多的殖民地，似乎可以与无尽的金银、香料、染料画上等号。

直至印度三大领地确立，英国才又重归百年前的重商主义传统。谢尔本伯爵，乔治三世时期仅任职一年的英国首相，于 1782 年提出"我们的贸易优先于统治"，总结了这一世纪英国政府在圈地完毕之后回归贸易传统的信念，即强调巩固贸易基地，而不再是 17 世纪的殖民扩张。

几乎同时，工业革命正在英国蓬勃开展。尽管工厂比工业革命出现早数百年，1761 年成立于英国伯明翰的苏豪制造厂（Soho Manufactory），才是公认的全球首座现代工厂，直至 1990 年仍然存在，堪称代表工业革命初期成就的"活"的纪念馆。此时的生产力，因工厂等新的生产形态得到解放，而没有东印度公司以税收形式上缴的巨额财富，我们实在难以想象耗资不菲的工厂该由谁买单；没有东印度公司及其背后庞大殖民地对工业品的好胃口，又该如何消化工厂的惊人产能。要知道，相较中世纪的手工作坊，现代工厂生产效率有百倍的提升。

可以说，1600 年之前的重商主义传统催生了东印度公司，又直接将东印度公司与英国本土的工业革命相衔接，构成一道横越大洋的产品与资金循环链。没有东印度公司，就没有随后支撑英国工业革命的巨大财富。正是东印度公司吹响了英国工业革命的号角，成为当今世界现代化潮流的彩排和预演。

东印度公司对全球贸易和全球市场的推动

1600 年，作为东印度公司徽章的帝国鱼尾狮，开始出现于刚刚开埠的新加坡和中国香港，尤其是印度洋沿岸的各大港口。1700 年，公司在印度确立三大管区之时，即中国的康熙三十九年，他们又携带着满满的信心，还有在印度积累的金银财宝，从加尔各答港驶往中国定海——位于长江口和杭州湾交汇处的一处岛屿，开始勘测地图，收集种子，以及最重要的——设立在华商社。

他们坚信，印度经验放之四海而皆准：自由贸易可以打开任何市场，金钱与军事实力可以打动东方帝王的心。但是，传统的东方帝国是无法与新兴的资本帝国进行平等贸易的。

拒绝自由贸易的大清曾经被炮火轰开国门，接受自由贸易的印度也被西方的金钱与炮火轰得七零八落，没有逃脱王朝覆灭国家被殖民的命运。

从集资入手的远洋航队，到独立法人的商业股份公司，再到国家授权的殖民商业公司典型——作为一个复杂的历史复合体，东印度公司的"成功"掺杂了复杂的野蛮和文明的因素，同样无法避开殖民扩张和对东方各民族的压迫剥削。然而，作为一个处于全球化开端的历史产物，我们同样看到了它在全球化企业制度方面的开创意义，或者说，作为推动全球贸易、商业制度、文化进步的第一部发动机，正如《泰晤士报》所评，"在人类历史上它完成了任何一个公司从未肩负过，和在今后的历史中可能也不会肩负的任务"。

全球第一座现代工厂——苏豪制造厂

第三章

中央银行的起源与争议

　　中世纪的欧洲，在地中海沿岸的威尼斯、热那亚等港口城市，常常可以看见坐在长板凳上的人在翘首等待。等待远航归来的商人从各国带回的金属货币。这些货币的品质、成色、大小堪称五花八门。"坐长板凳的人"负责货币兑换，手中一部分沉淀下来的现金，则用于借贷给急需用钱的人，以赚取利息。拉丁文 "Banco"意指"长板凳"，银行的英文名称"Bank"一词由此而来。

最初，"坐长板凳的人"贷出的款项仅限于自有资金，随着代理支付制度的出现，借款者将所借款项存入贷出者之处，并由贷出者代理支付。可见，此时的贷款已不限于现实的货币，其中一部分成为账面信用。1171 年成立于威尼斯的"国家借放所"是欧洲最早由国家经营的贷款取息机构。至 16 世纪末，意大利其他城市以及德国、荷兰等地，相继出现为政府及民间发放高利贷的银行。

如果说现代银行萌芽于中世纪商业与贸易的需求，那么，中央银行的建立则来自欧洲国王权势争夺和欧洲工业革命的启动。

因战争而生

1688 年英国的一场没有经过流血就完成的政变，史称"光荣革命"。失去绝对权力的国王，面临着不可不打又耗资不菲的战争，转而向与身边关系最密切的银行家求援，就成为当时唯一的选择。随后连绵不绝的战争，让英王威廉三世几乎整日为筹措军费伤神。信仰天主教的爱尔兰人对清教徒与新国王的不满，点燃了战火。为巩固统治，新登基的英王又加入奥格斯堡联盟的反法战争，发动了英法第二个百年战争。

"战争中，获胜的一方往往拥有最后一枚金币。"不仅是英王，法王路易十四也曾在 1689 年下令熔化银器，充作奥格斯堡联盟战争的军费。同年，窘迫的英王因长期欠债，信用度过低，仅从金匠们手中筹得 200 万英镑军费。1694 年 7 月 27 日，在苏格兰商人威廉·佩特森的建议下，由英王特许，伦敦的 1268 名商人 11 天募得 120 万英镑作为股本，联合设立英格兰银行对政府放款。值得注意的是，这些股东原本已是政府的债权人。

英格兰银行大楼位于伦敦城的针线（Thread Needle）大街，又被称作"针线大街上的老妇人"。银行成立之初，一方是急切的融资方，英王、议会与政府；另一方是需要稳定的投资对象的出资方，金匠和商人——双方需求通过英格兰银行得以纾解。

作为政府融资的银行，截至 1746 年，英格兰银行已借给政府 1168.68 万英镑，此外还代理国库和全权管理国家债券。

作为货币发行的银行，英格兰银行是第一家无发行保证却能发行银行券的商业银行，此后它不断补充资本，同时降低对政府的放款利率，并以此为条件，促使议会通过法案，限制其他银行的发行权，从而加强了英格兰银行货币发行的特权地位。

作为银行的银行，英格兰银行在多次银行集中破产危机中出手相助，不仅仅是商业银行的救助机构，实质上是整个银行系统的最终贷款人。

1946 年出台的《英格兰银行法》将英格兰银行国有化，使它真正地实至名归。从此，英格兰银行成为公营公司，彻底改变了与政府紧密合作，却一直保留的私营银行身份。法案还终止了英格兰银行在名义上的独立性，使其成为国家机器的一部分。

唯一早于英格兰银行的中央银行是瑞典银行（Sveriges Riksbank），成立于1656 年，最初是私营银行，以发行银行券和办理证券抵押贷款为开门业务，12 年后亦由政府出面改组为国家银行，比英格兰银行国有化早近 300 年。因此，有学者将 1668 年定为中央银行元年。

1897 年，瑞典政府又将垄断全国的货币发行权集于瑞典银行，完成向央行转变的关键一步，亦早于英国通过《通货与银行钞票法》的 1928 年。但是，从法律赋予央行货币发行特权，与履行央行全部职能看，英格兰银行领先瑞典银行是毋庸置疑的。

英格兰银行

工业革命的推动者

19 世纪，在资本主义发达的金融重地，掀起中央银行在世界范围内的成立与发展高潮。成立于 1800 年的法兰西银行，成立于 1829 年的西班牙银行，成立于 1875 年的德国国家银行，成立于 1882 年的日本银行都在获得统一货币发行权后逐步成为中央银行。同期世界上约有 29 家中央银行先后相继成立。

工业革命在各国开始的时间，与央行在该国确立垄断地位的时间基本一致。1771 年的英国工商年鉴，详细列明了商业机构的类别与名称，包括股票债券经纪商、保险公司，但是没有银行类。显然，工业革命开始时，该国央行英格兰银行之外的中小银行还不成气候。经济学家 J.A. 熊彼特在 20 世纪初期研究了这些史料，认为银行为工业革命创造了大规模的信用与购买能力，其中，当时是最大型银行的中央银行发挥出不可替代的作用。

作为应政府需要组建的中央银行，成立之初就深刻嵌入了国民经济的总循环。英国建立英格兰银行，通过银行的货币发行创造国债支付能力，使政府有足够的经费支持战争和工业与科技的投资，后者的开支带动了英国各行业的繁荣，战争的获胜又给英国提供了几乎是无限的海外市场。这样，种种因素的合力最终使得工业革命在英国率先发生。工业革命在提升英国经济实力的同时，又给政府提供了巨大的税收来源！

央行的败绩

最经典的一幕，发生在二战时期通货膨胀最严重的德国，一条面包竟然需要 4000 亿马克，不少家庭用马克代替木柴，投入火炉中烧火取暖，因为这样更划算一些。于是，一夜贬值的马克，让众多家庭的财产付之东流，也成为随后的魏玛共和国破产、纳粹上台的导火索。

最生动的教训，是美国对冲基金巨头索罗斯曾通过英镑套利带来20亿美元利润，并使英国中央银行花费80亿美元稳住英镑，最终被迫放弃固定汇率体系。

1992年，英镑对马克汇率维持于1∶2.95的高位，索罗斯认为英国经济不足以支撑如此昂贵的英镑，随时有贬值危险，英格兰银行可依靠的是欧洲汇率机制中的其他国家央行，尤其是德国央行。9月10日，索罗斯敏锐地注意到德国央行行长施莱辛格在媒体上提及，欧洲货币体系不稳定的问题只能通过部分国家货币的贬值来解决。以此为信号，他及时让一些长期进行套汇经营的共同基金和跨国公司开始抛售疲软的英镑，使得英格兰银行不得不斥巨资支持货币价值。即使英格兰银行立即购入30亿英镑，动用价值269亿美元外汇储备，仍未挡住英镑跌势，对马克比价跌出欧洲汇率体系规定的下限。9月16日，英国宣告退出欧洲汇率体系，史称"黑色星期三"。从"光荣革命"起家的英格兰银行遭遇从未有过的打击，不得不反省自身的行动迟缓及对他国的过度依赖。

美国大萧条和2008年次贷危机亦表明中央银行的不完美。20世纪30年代美联储在急需注入货币以挽救产业运转时，却急剧收紧银根，助长了经济衰退，直至半个世纪后才正式向社会道歉。

大萧条从美国开始，并席卷全世界。1930年4月工人失业人数为300万，1933年升至1400万。农业总产值从1929年的111亿美元下降至1932年的50亿美元。同时，美元货币信用危机爆发，1933年3月，储户挤兑银行手持美元换取黄金，仅1933年3月一个月，5700家银行倒闭。大萧条更波及发达国家和发展中国家。人均收入、税收、盈利、价格全面下挫，国际贸易锐减50%，一些国家失业率甚至超过33%。

20世纪30年代，多数人认为1929年10月的纽约股票市场崩溃是大萧条的直接导火索，但不容忽视的是纽约股票市值虚高、股价跳水实属正常。从外部经济运营状况来看，20 年代走势平稳向好。至于一次金融危机如何会广泛波及实体经济，根源不在 1929 年，而在 20 年代，从胡佛总统上台后的美联储紧缩银根开始，从此经济雪上加霜。直至罗斯福新政，美国经济历经 10 年调整，直到 1954 年美国股市才重又恢复生机。

至于最近一轮次贷危机，金融界仍然争论不已。多数人严厉谴责美联储的长期宽松货币政策和缺乏对衍生产品的监管。格林斯潘则将危机归咎于投资者的"贪婪"。

2008 年次贷危机是大萧条后最严重的金融危机。像大萧条时期一样有众多小型银行破产，同时美国多个大型的金融机构亦承受压力。但是，今天的国际机构反应更快，加之全球配合措施得当，次贷危机后果远不如大萧条严重。

问题在于，导致危机的高杠杆率金融创新产品，为何当初没有引起美联储关注？

时任美联储主席的格林斯潘，被认为需要对被称作"大规模杀伤性武器"的衍生品负责。2003 年，格林斯潘在参议院银行委员会做证时说，多年市场实践证明，衍生工具将风险从风险厌恶者"传递"给风险偏好者的运转极其有用，进一步监管是错误的。 此前的 1999 年，在他的推动下，国会永久性废除了商品期货交易委员会对金融衍生品的监管权。要求格林斯潘为次贷危机道歉的呼声至今犹在。

即便如此，格林斯潘依然坚持对衍生品的"信仰"。2008 年，他在一本著作后记中写道："没有完美的风险管理，即使政府和中央银行也无法改变泡沫生成之路。"对此，经济学家们普遍认为，如果格林斯潘在美联储主席任期内采取不同的政策举动，也许这场危机可以避免，至少不会发展到一发不可收拾的地步。

中国的央行在哪里

在英格兰银行成长的同时，1849 年，山西票号开始遍布中国各地甚至发展到海外的圣彼得堡、马六甲，中国金融业的全球化似乎悄然发生。然而，中央银行并没有因此在中国自然发展起来。1905 年 8 月在北京开业的户部银行，属于官商合办，是清末模仿西方国家中央银行的产物，后改名大清银行。

户部银行成立后的中国，仍处于"光荣革命"前的专制时期，皇帝凭借无限的政治强权，可以通过无条件地征税或物资、人力征用，支撑庞大而不计后果的军费。

在封建王朝"王天下"的权力关系中，最高权力机关与中央银行之间存在的平等债务关系，是不可想象的，所以，也无法形成民间资本与王朝筹款需求之间的市场化对接。

今天看来，户部银行敷衍时局剧变的象征作用，远远大于现代中央银行的实际功能。在缺少央行产生条件的土壤上，户部银行被时代湮没是必然的结局。经过被战乱屡次打断的近半个世纪，中央银行体系终于在中国建立并尝试与世界接轨。

1928 年，宋子文在蒋介石授权下在南京筹组中央银行并任行长。当时这一名称也是原创，此前并未有任何一国的国家银行直接冠以"中央"二字。显然，"中国银行"是最优选择，商股投资的中国银行却坚持不愿将名称拱手相让，也不愿意被官方重组。对此，南京政府持续施压，在出资建立中央银行的同时，蒋介石亲自过问当时的两大发钞行，中国银行和交通银行，认为不能"绝对听命于中央，彻底合作"的中国银行行长张嘉璈需要调职反省。

在权威统筹规划下，中央银行当年开张，法币发行总额 12.6 亿元中，中央银行占 28%，中国与交通两行共占到 62%，剩下的 10% 由刚刚重组建立的中国农民银行担当。以收归政府控制为目标的货币改革如期成功。

户部银行原址

宋子文铁腕推进的央行新政，在摆脱国际白银价格波动带来的影响、建立金汇兑本位、增强中国的国际地位方面功效显著，然而过程中不见竞争与制衡——欧美央行发展与运作必需的生态环境。1942 年，中国货币发行权全部收归中央银行，货币彻底成为国家对民众的负债。

共产党领导下银行的发钞史，与国民党几乎同步。1932 年江西瑞金中华苏维埃共和国国家银行（以下简称"中华苏维埃国家银行"）诞生，第一任行长为毛泽民，开始发行国家货币。政府在一无金银二无外汇的情况下，依靠军事能力和政府组织能力创造了一个独立的商业贸易区域和供给市场，同时建立多种物资储备体系。如后期共产党建立的北海银行，每发行一元货币，即购买五毛钱的物资储存，相当于 50% 的准备金率。至 1945 年，北海币发行量由 2 亿元提高至 6 亿元。这一体系在共和国建立后，继续由中国人民银行维系。

我们需要中央银行吗

2013 年，全球最有影响力的中央银行美联储成立 100 周年。中国金融博物馆与美国金融博物馆联合在北京和纽约两地举办了纪念展览，系统地展示中央银行职能的百年进化经历，引起了业界的巨大关注。这一展览同时在天津和苏州等地巡展。在北京开展时，组织者别开生面地举办了研讨，前任中国央行副行长吴晓灵女士与经济学家许小年教授正面交火讨论中央银行存在的合理性。

许小年称："纪念美联储百年最好的方式，就是解散美联储。"在他和一些金融家看来，作为中央银行既定任务的稳定经济和稳定币值，是不成立的。

对于稳定经济，由于市场经济本质是非稳定状态，属于不可避免的创造性的毁灭。所以，他认定，中央银行既不可能稳定经济，也不应该稳定经济。均衡的打破与建立，是市场经济乃至人类社会的必然现象。一个对此的生动比喻是，如同我们走路，这是一个失衡的过程，失去平衡，然后才能往前；如果害怕失衡，只会原地不动。

至于稳定币值，有历史记录为证，自从中央银行建立之后，货币价格的波动反而比以前更大，而不是更小了。中央银行出现之前，在没有纸币的金本位制时代，物价更为稳定。而让作为货币发行者的中央银行承担物价稳定职责，如同请狼看护羊群一样荒唐。在这一观点的支持方看来，其实，中央银行才是价格波动的制造者。

历史实在无法证明，中央银行可以比商业机构做得更好。19世纪英国的一些自我结清的商股银行，持有短期的、可以立即市场化的资产，将成熟的自我管理机制进行到极致，并无央行插手之余地。为此，中央银行的反对者们说，"大而不倒"与其形容次贷危机中最终倒下的混业经营金融巨擘，不如形容一些监管不力又同样历史悠久、规模庞大的中央银行。

吴晓灵对此的回应是，之所以需要央行，是需要解决黄金稀缺性和纸币创造的适度性问题。1971年美元与黄金脱钩之后，世界彻底进入信用货币时代。对于信用货币的控制，是一个至今还没有解决的难题。

关于央行的宏观调控，她认为，尽管有哈耶克学派和凯恩斯学派两种观点，但是对于任何事情，真理和谬误只在毫厘之间，任何一个真理强调过度都会变成谬误。极端的市场自由和极端的控制都是不对的，自由的市场应该有适当的政府调节。

实际上，将中央银行排除在外的金融创新已经初露端倪。比特币等网络货币，试图以计算机的复杂算法生成货币，从而获取公信力，通过"去中心""去央行"的点对点模式摆脱第三方监管，实现没有央行的理想国，同时试图另辟蹊径来控制信用货币。

但是，今天的网络货币无疑又面临着另一些问题——网络货币的稀缺性为何高于黄金的稀缺性？网络货币的信用又何以高于各国央行的信用？

第四章

蒸汽机与英国崛起

　　很难想象一瞬间的灵感会如何改变世界。1765
年，詹姆斯·哈格里夫斯发明珍妮纺纱机，将只能
运转1条棉纱1个纱锭的纺织机，升级为可同时运转
80条棉纱和80个纱锭，拉开工业革命序幕，而1769
年，詹姆斯·瓦特改良蒸汽机，则成为这次革命的
标志和动力。这场革命为欧洲的兴起和殖民地国家
的发展安上了"发动机"，从此，以欧洲为核心的
崭新文明辐射全世界。

瓦特改进蒸汽机

自 1764 年起开始改进蒸汽机的瓦特，是这场划时代魔法的推手。在工厂和钟表修理店长大的他，实在无法容忍老式蒸汽机的缺点：燃料耗量大、效率低，而且只能做往返的直线动作。当时，笨重的纽科门蒸汽机除了用于矿井抽水，并无他用，而浪费的蒸汽在八成以上。

改良后的"瓦特牌"蒸汽机同样负责将热能转化为动能，然而转化效率得到空前提升！一方面，它有老式蒸汽机的用途：在消耗煤炭的同时，从低于海平面的煤田或盐田抽出积水，便于工人开采；另一方面，因转化效率高，又可用于冶铁：带动更大风量的鼓风机在冶铁过程中去除本地铁矿石常见的磷、硫杂质，生产出可替代瑞典、俄国进口的生铁，用以制造蒸汽机上的关键部件。而在此之前，英国的机器制造业仍严重依赖进口生铁。

煤铁、蒸汽机联动，催生新时代

"瓦特牌"蒸汽机是第一次工业革命公认的标志，煤铁与蒸汽机从此相互需求，没有煤铁，就没有蒸汽机，反之亦然。实现原材料与燃料的量大、质优、价廉供应后，蒸汽机在各行业迅速普及。

原本使用水力纺纱的棉纺织厂，因改用以煤为动力的蒸汽机，也不再需要建于水流落差的山区，开始从位于丘陵、山地的传统工业中心搬至平原，毗邻方便销售与生活的消费市场。平原地区上新形成的工业中心，同时成为新的城

瓦特式蒸汽机

市，纷纷在地图上冒出来，甚至围绕着一座数千工人的新式工厂就是一个小型城市。随着技术、机器、农业人口规模化涌入，近代意义上的城市化就此开启！以大城市为节点的繁荣版图激发起生产者与消费者的想象。就在工业革命前期，城市中普遍流通的行会作坊手工品，相对于大规模工业品更精致，又被称作"奢侈品"。但是，面对工厂化生产的价廉物美日用品，以及作为替代品的精致商品，传统奢侈品开始走下坡路。

这些来自蒸汽机工厂的商品，被装载上蒸汽机车或轮船，运抵世界各地消费者手中，无论是性价比，或者到货的速度，都让消费者感觉不再遥远。按劳动分工生活在城市的居民们，也有暇顾及娱乐文化需求。各类原本属于贵族的精英文化，开始因盈利与多元化的精神需求而普及，丰富着城市生活。城市，在物质需求与精神需求的供给方面开始走向独立。

工业革命即能源革命

18 世纪 90 年代，连通英国西海岸和东海岸的"大连接运河"修成，所有运河联为一体化水运网。建设运河需要修筑涵管、大坝，随后带来船运的兴盛。与此同时，公路在广泛吸引着各界投资，"大茶壶"一样的蒸汽机车及铁路网铺设在全国随处可见。水运、公路、铁路建设，所有这些无不需要大量用铁。

至此，一种因果的循环往复在蒸汽氤氲的"机器时代"清晰起来：作为工业革命结果之一的交通运输革命，对用铁及蒸汽机需求旺盛，又促进了工业革命起因——煤铁采掘冶炼与蒸汽机制造业的二次发展，最终，交通运输加入煤铁与蒸汽机相互需求的互动中，呈现出煤铁、机器、交通运输三方面的良性循环产业链。其中，蒸汽纺纱机因技术改进，小规模木质部件无法满足要求，纺织厂厂房及机器的用铁量增长尤为迅速。

工业革命即能源革命。对英国最常见能源煤炭的最大化利用，是蒸汽机发动工业革命的关键，同时形成经济运行方式的全面革新，煤铁、机器制造、纺织、交通运输等行业在互相促进中，实现了与殖民地市场的顺利对接。

这是以英国纺织机械化为标志的第一次工业革命，从"瓦特牌"蒸汽机带动珍妮纺纱机上数十个纱锭开始，本质上，是煤炭与铁触发了一场前所未见的生产力大解放。第二次工业革命，在 20 世纪初福特汽车工厂里发生，大规模流水生产线是标志，更大程度上源自人类智慧对人与人在生产经营关系中的重新布局。两次工业革命改变了社会，改变了历史，也改变了各国的形态。

金融文明的发轫

是纺织工的女儿珍妮，或者英国丰富的煤铁矿藏，诱发了如此伟大的发明狂潮，还是源自工业革命的核心——金融文明的崛起？如缺少科技转化为生产力的风险分散机制——证券业务、保险及现代意义上的银行，工业革命不可能实现。与其说瓦特是技术狂人，不如说他是资本运作的高手。他倚靠引资入股的手段，将前人的发明集合，用资本的力量创造出钢铁的"革命者"——蒸汽机。蒸汽机的空前效率，使英国的产能井喷，物美价廉的"英国制造"在殖民地倾销，换回再生产必备的原料和不菲的利润。资本主义的体系自此运转起来。

英国的生产效率因蒸汽机大幅提升，国与国间的不平等劳动分工随之产生。当英国工业生产步入"机器时代"，欧洲大陆还停留于手工生产。十几年时间，两地生产水平两极分化，国与国因生产效率、生产品种不同，互通有无成为必然，国际贸易开始在各国之间兴盛起来，而不再是集中于欧洲与殖民地之间。此时的英国试图以互惠免税推行自由贸易，以领先的生产力加免税法宝长驱直入仍停留于前蒸汽机时代的欧洲大陆。为此，拿破仑发布《米兰敕令》和《柏林敕令》，通过封锁英吉利海峡拒绝"英国制造"。然而，面对物美价廉的诱惑——1786 年，英国棉纱每磅 38 先令，1800 年 9.5 先令，1830 年 3 先令——跨海峡的走私贸易猖獗起来，甚至拿破仑士兵的制服也来自英国。

不久，法国、德国、荷兰、瑞典等国先后实现从手工作坊到机械化大生产的变革，这是人类劳动组织形式的重大改变，之后才有真正意义上的社会化大生产。工厂代替工场，成为工业化生产主要组织形式，不仅生产管理效率提高，而且大批农民和手工业者成为雇佣劳动者，确立起分工明确的资本主义生产方式，人类社会也从农业经济发展为工业经济。

亚当·斯密在工业革命初期，首先敏锐地观察到这一存在于生产部门间、国家间的分工现象，1776 年 3 月，他在《国富论》中第一次提出"劳动分工"，系统阐述了劳动分工对提高生产率和增进国民财富的巨大作用。"请给我以我所要的东西吧，同时，你也可以获得你所要的东西。"亚当·斯密这样形象地描述了社会分工中的交换关系。他将劳动分工的合理性，认定为源自每个人的利己主义，大至社会，小至企业内部，一个人的利己主义又被他人的利己主义限制，人人必须顾及他人的正当利益，由此而产生了社会利益，而社会利益正是以个人利益为基础。

如同工厂中的不同工种，一个岗位的拖沓或失职，必然会影响生产活动全局，即使为自己顺利完成工作考虑，也必须尽职尽责——显然，这是无论多么自私的人也具有的理性，是让自己利益最大化的选择。今天市场经济观念中的"经济人"概念，正是以此为基础，强调人对物质利益的终极追求，否则常见的微观与宏观经济学教科书无法成立。尽管现在看来，人的追求不局限于此，市场经济仍需要考虑产品对于个人之外的社会价值，而这又是个人理性无法顾及的。

亚当·斯密（1723—1790）——经济学的主要创立者

真正的全球化

蒸汽机驱动的交通工具，以时间压缩空间，将地理中的世界与观念中的时间对应，人类生活从未如此面对面。蒸汽机装备的新式工厂，使欧洲资产阶级有能力按意愿开辟市场，19 世纪中期已形成以英国等少数国家为中心的全球化格局。一系列资产阶级革命与改革，此时在生产力革新促动下成为历史主流。

在指责工业革命给东方带来祸害的同时，道德不正确永远是社会破旧立新的硬币反面。新的资本主义生产方式和思想观念，终将延续千年的传统社会经济结构分化。同时，商品随英国人之后来到北美等广大殖民地，贸易关系为工业革命影响力越过大洋埋下伏笔。

然而，工业革命并非一开始即意味着全球化。对殖民地，英国采取歧视政策，不允许当地工业发展，尤其是与英国竞争的工业。比如，历任首相概不允许殖民地生产铁钉，避免当地冶铁业与英国竞争。对欧洲大陆，1810 年前后，英国又颁布法令，将蒸汽机等新式机器列为最高机密。为此，德国人只有聘用镗床发明人威尔金森去当地办厂。显然，技术传播如资本或商品流动，不可阻遏。随后各项新发明在国家间广泛学习应用。

由于技术进步，时空距离得以消弭，买卖双方越来越倾向于直接联系，拥有产品与资金的工厂和金融家，重要性开始高于贸易商。至 19 世纪中期，来自"边缘国家"的小麦等生活必需品，通过蒸汽机车或轮船，打破温度、季风和海流的阻力，在殖民者主导下将贸易版图扩展至世界各角落。1815 年至1850 年，横越大西洋的多数货物，每磅运费下降达 80%，1870 年至 1900 年又下降 70%，累计降幅近 95%。

总之，蒸汽机不只决定了利润、损失、贸易量，还创造了新邻居，深刻影响了时间观与世界观，开启了今天称作商品化、全球化的革命。同时，另一场大资本集聚的金融革命在暗流涌动，改写着与全球化同步的金融业走向。

大资本的集聚

溯源现代金融机构和市场的形成，巨额剩余资本是必要条件。如同近代银行业在地中海港口的产生，没有"坐长板凳的人"手中沉淀下来的现金，借贷、代理支付等银行功能创新无从入手。

工业革命时期的英国，融资途径有三：自有资金、非正式资本市场和正式资本市场。起主导作用的正是资本市场，是银行和证券机构。一种说法认为，18 世纪英国两次经济"革命"互相促进、互为因果——北部的工业革命，南部的金融革命。正是工业部门的资本需求和政府的借款需要促成了以现代金融体系为标志的金融革命。18 世纪末至 19 世纪初，英国形成全国统一的资本市场，为后期工业革命对大资本的需求预备了融资渠道。

在工业革命前期，因技术革新少，资本需求并非急迫，工厂主依靠自有资金，吸引社会各阶层游资，及完善中的银行和证券机构，资本流动遂得以克服社会与地域限制。

继中世纪城市金匠发展而来的"城市银行"，此时开始出现独立的"乡村银行"体系。前者在 1800 年已有 80 家，通过贴现票据和发放短期贷款，为工厂主提供短期资金，有时甚至直接将带有商业汇票性质的小额票据用于流通，同时在票据贴现时为乡村银行充当中间人。

地主、租地农场主和农业工人的存款，使乡村银行出现富余现金，而工业地区的城市银行要为大批商人和工厂主贴现票据，因此需要大量现金，城市银行就成为连接资金过剩地区与不足地区的桥梁。1800 年后，专职的证券经纪人开始通过手上商人和工厂的票据，进行代理经纪业务，代行城市银行的贴现功能，直接促成了证券经纪人的出现。

1856 年《有限责任法》实施前，英国企业已经开始采用债券方式融资。工厂主可以向信任他们的当地人借得资本。证券机构的出现使小有产者也有能力进行投资，并且可以分散投资以减少风险。当地人因顾及借贷给大企业有风险，而在此时建立的证券交易机构能够通过为企业发行债券来融资，就受到了私人投资者的欢迎，满足了此时经济发展的资本需求。

至工业革命后期，英国、法国、德国通过相互间的国际贸易与向殖民地的倾销，积累了巨额剩余资本，已导致国内资本市场供应过剩，利润率过低，转而加大对新兴市场的投资。至 1914 年，英国已在国外投资 40 亿英镑，占国民财富总数的 1/4。此时的欧洲俨然是世界的银行。

与此同时，大工业带来大投入与大产出，企业产能与市场在扩大，对资本的需求量也与日俱增，商业银行顺应这一趋势，纷纷协助公司面向全社会发行股票，开始积极参与证券市场，业务范围遂扩大至今天常见的证券承销、证券自营、债券交易等投资银行基本功能。

投融资必然伴随着风险，东印度公司试图以股份制将风险与收益按股份进行稀释，此时的商业银行，及其向投资银行演变过程中兴起的证券市场，则在全社会层面为公司融资，既为投资者提供了购买不同公司股票的选择，化解了"将鸡蛋放进一个篮子里"的风险，又让公司的融资对象分散至全社会，避免了依赖单个投资者的风险。无论如何，投融资是目标，至于化解风险则是副产品。最终，专职承担风险、使损失降至最低的保险行业蓬勃兴起，以众多投保人的前期少量投入组成赔付基金，保证其中一人后期如有损失可获得补偿，从而构筑起资本流动的最后一道安全网。以至于 20 世纪初，从纽约到芝加哥的摩天大楼多为保险公司总部。

至此，银行、证券、保险，现代金融体系的三大支柱在英国渐趋成形，直接指向大资本集聚可依托的渠道与平台。这也是英国能够高效筹集工业革命所需资金，率先在 19 世纪中期成为"世界工厂"的关键。

利兹街头的瓦特雕像

以专利促投资

作为这一时代的象征，改良蒸汽机只不过经历了三步：第一步，瓦特在修理一台只能抽水的低效率蒸汽机时，萌发了重大改进的念头；第二步，瓦特得到企业家约翰·罗巴克的资助，得以全身心投入蒸汽机研发，然而数年后没有进展，罗巴克破产；第三步，如同 50 英镑背面的"双人像"，企业家马修·博尔顿和瓦特肩并肩，二人认识后随即建立起忠诚的合作关系，前者为瓦特偿还了 1200 万英镑欠账，从罗巴克接手了对瓦特的投资合同，又安排瓦特在冶金工艺完善的索霍工厂继续开发，尽管财产耗尽甚至四处借款他也在所不惜，最终保证了瓦特改良蒸汽机的成功。

值得称道的是双方订立的《博尔顿契约》：博尔顿为蒸汽机改良提供一切必要的条件；如蒸汽机研发成功，博尔顿、瓦特按 2：1 比例分配利润；如研发失败，一切经济后果由博尔顿承担。契约精神又一次在金融领域闪光，为知识产权专利体系与随之而来的科技投资浪潮树立起榜样。

法国经济史学家保尔·芒图在评价蒸汽机时说，发明是一回事，会经营和利用发明物是另一回事。历史上许多伟大的发明因没有得到及时利用，而被埋没或者很久之后才为世人注意。投资家，特别是风险投资家在从发明转化为应用的过程中居功至伟。这不仅仅需要作为企业家的胆识，也需要如投资家博尔顿的眼光和坚持。他必须擅长在项目早期发现价值，预估其中蕴含的风险与巨大潜力，对各种可能的盈利途径带来的收益进行测算，并折现为先期投入，同时明确与被投资方的分成模式，当然，他也需要对自己投资能力的正确认识，外加比罗巴克多一些的好运气。

虽然政府没有直接投资瓦特，但是，没有欧洲自《罗马法》以来建立的根深蒂固的契约精神，与英国对专利权的保护与尊重，这一发明的实现是无法想象的。

第五章

花5400万买来的美国

独立战争以5400万美元债务为代价换来成功，那么，如何避免"打江山"的负债拖累"守天下"？曾经在商业银行工作的汉密尔顿有丰富的经验：对债权人，旧纸币兑新纸币，新纸币购新债，旧债换新债；对负债累累的政府，新纸币购旧纸币，新债兑新纸币，新债换旧债。新旧两个时代的历史遗留问题，就这样被汉密尔顿的"旋转门计划"体面地解决！这样一个全世界独一无二的资本市场在这里初具雏形，直至规模与影响力无可比拟，美国乃至世界经济重心遂向华尔街转移。

战争总在以不和谐的节拍推进着全球疆域的分合。与此同时，工业革命让生产力发生质的飞跃，在欧洲国家与殖民地之间开掘着"鸿沟"。劳动分工在战争推动下激化国家矛盾，美国以债养战，在独立进程中走出一条金融资本主义的新路。

因税而战

1763 年，长达 7 年的英法战争结束，新登基的英王乔治三世刚 25 岁，尽管从法国人手中获得加拿大，北美 13 个殖民地安然无恙，但是在军费严重透支财政的债务压力下，他的决策是冒险的——向从未伸过手的北美殖民地伸手。另一场战争的导火索点燃了。

1764 年，《食糖条例》颁布，要求北美殖民地大量购买英国食糖、咖啡、酒等商品；同年，《货币法》则禁止殖民地发行纸币，只能使用英镑；1765 年，《印花税法》通过，对所有印刷品直接征税；1767 年，《汤森法案》开始对殖民地急需的日用品开征高额关税，包括玻璃制品、纸张、铅、铁、棉花、颜料、茶、食糖、朗姆酒。

因为殖民地在英国议会没有代表权，他们喊出"无代表，不纳税"的口号，断绝与英国的商贸往来，又通过加勒比海走私这些商品，抗议在升级，殖民地有理由拒绝向英王支付英法战争费用。1770 年 3 月 5 日，英军射杀了 5 个当地人，这就是"波士顿惨案"。1773 年冬，英国东印度公司停靠在波士顿的茶叶运输船被革命人士炸开，大量茶叶倒进海里。"波士顿倾茶事件"促使英国通过

破坏雕像　1776 年 7 月 9 日，纽约市民破坏乔治三世的雕像。

《不可容忍法案》，封锁波士顿港，禁止各地集会。

　　第一届大陆会议成立，呼吁当地人武装起来与英国作战，成为即将来临的独立战争决策机构。

　　战争以一枪"莱克星顿的枪声"在 1775 年 4 月 19 日的波士顿远郊打响，英军听说当地藏有革命者武装与大量武器，千余名士兵前往镇压，途中被当地民兵阻拦发生交火，百余人伤亡。8 月 23 日，年轻的英王宣布殖民地的反抗运动为非法的，声言"宁可不要头上的王冠，也决不会放弃战争"。

　　1775 年 6 月，第二届大陆会议选举华盛顿，后来的美国国父，任大陆军总司令，行使对所有武装力量的指挥权。1776 年 3 月 17 日，英国皇家海军的100 多艘战船、3 万多正规军，在纽约曼哈顿南端对抗没有战船、没有正规训练的 1 万余大陆军。战败后的大陆军且战且退，开始了长达 4 年、辗转南北的拖延战术。

发行"大陆币"，为战争融资

　　由于双方实力悬殊，华盛顿常常为部队缺乏供给困扰，即便战事告急，也要四处写信催讨军需。而各州对此或者没有回音，或者像新罕布什尔州派人送去 300 磅腊肠那样应付差事。第一届大陆会议曾考虑通过征税来弥补军费不足，但是，战争初衷在于反抗英国的横征暴敛，再以征税为手段，必然出师无名。加之 13 州无征税权、无公共财产，印制钞票似乎是第一选择。

　　从 1754 年至 1780 年，大陆会议在激进派的推动下，批准印制了 37 次、1.91亿美元"大陆币"，为战争融资。除大陆币之外，各州开始发行自己的纸币，甚至多于大陆会议的发钞额。配合这一可兑换西班牙银圆的新纸币，大陆会议强行禁止民间涨价，预防可能的通货膨胀。在印钞的同时禁止涨价，长期看来政策失灵是必然的。

1775 年 6 月，大陆会议票决通过发行 200 万元大陆币的决定，发行纸币的闸门从此一发而不可收，不断印发的大陆币越来越多，旋即贬值。1778 年 7 元纸币换 1 元金币，1779 年是 42∶1，1780 年达 100∶1。1780 年 3 月 18 日，大陆会议（《独立宣言》发表后成为美国最高权力机构）决定以 40∶1 回收旧纸币，废止不用，另发行 1000 万元新纸币，结果失败，旧纸币也不再流通。

一直以来，这些纸币无金银等贵金属做抵押，当地民众对独立的信心才是最重要的保证！如同独立战争之前这里发行的"殖民券"：按商业和工业的需要来发行等比例货币，保证产品从生产者传递到消费者手中，并且保证其购买力，发行方不需要向任何人支付利息。这种新的政府信用纸币必然导致殖民地脱离英格兰银行的控制，也是引发独立战争及之前《货币法》出台的原因。

向国外借钱打仗

只能在国内流通的大陆币无法向国外购买军火，1775 年 6 月 3 日，大陆会议授权发行首批 600 万英镑公债，筹集金银等硬通货，用于购买军火。1776 年至 1778 年间，又向私人债权人发行约 6700 万美元债券，利率 3% 至 6% 不等。

当时推销债券的手段层出不穷。比如，1776 年 11 月，"大陆借款办公室"专门成立通过出售彩票来融资，中奖者得到的不是现金，而是一些年息 4% 期限 3 年以上的公债。这种通过彩票销售为独立战争借债融资的方式，在头几年很是成功。

债券与大陆币不同，这些债券都是私人用金银购得，同时政府承诺以后用黄金和白银赎回，或者以减免税收的办法抵销。州政府也发债，有些商人更相信州政府，愿意购买州政府债券。

内债之外，政府同时发行外债，向英国的敌对国法国、荷兰及西班牙借得价值超过 1200 万美元的硬通货贷款。早在 1777 年以前，政府多次派代表出使法国及其他欧洲国家磋商借贷事宜。其间，美国获得法国贷款 635 万美元，向西班牙借款 17 万美元，向荷兰贷款 130 万美元。

"敌人的敌人"的支持，让作为债权方的大陆会议更有底气。法国也希望借债给革命军，通过在英国殖民地的战争牵绊住英国的力量。1778 年，美国与法国结成同盟，法国承认美国独立。随后，法国对英国宣战，两国海军多次发生海战。而对于法国借出的 600 万金币，新生的美国政府延续设计"殖民券"的超前思路，没有立即购买军用物资，而是用作硬通货担保，发放 2700 万以美元计价的债券。因为有法国 600 万金币担保，债券认购十分踊跃。

然而，至 1780 年下半年，战场上华盛顿的军队获胜希望渺茫，大陆币随之不断贬值，多印钞票不再是出路。政府债券无人买单，各州不愿再发债券支持政府。多数士兵的服役期到年底也将结束，不愿继续接收借条作为军饷。军费只能靠外借了。

华盛顿临危授命本杰明·富兰克林。他已近 70 高龄，靠着任法国大使时在社会各阶层积累的好名声，再度前往法国，说服法国国王再借 250 万金币。这些金币还未到岸，后来成为美国第一任财政部部长的亚历山大·汉密尔顿已先行将其作为抵押，通过国内贷款获得"救命钱"，让大陆军坚持到 1781 年 9 月。

似乎是一种互换。富兰克林驻留法国期间，一位法国青年拉法耶特不惜易容辗转从西班牙来到美国乔治城，在华盛顿麾下任军官，为独立战争立下汗马功劳。由于参加美国独立战争、经历法国大革命，他被称作新旧两个世界的英雄！在他和当时法国外交大臣等法国亲美人士策动下，法国国王才得以从资金与军事层面，毫无保留地支持当时各方并不看好的大陆会议。

最终，在法国海军增援下，美国大陆军在南方港口城市约克镇打赢了关键

亚历山大·汉密尔顿

拉法耶特侯爵吉尔伯特·德·莫蒂勒（1757—1834）　　法国贵族，第一个志愿参加美国革命，最终使英国失去美洲殖民地。1789 年出任法国国民军总司令，提出人权宣言和制定三色国旗，成为立宪派的首脑，风云一时。1830 年再次出任国民军司令，参与建立七月王朝。由于参加了美国独立战争和经历了法国大革命，被称为新旧两个世界的英雄。

一战，迫使英军投降，一举扭转了整个战争的局面。1783 年 9 月 3 日，英国签署《巴黎条约》，承认美国独立。没有美国当地的私人投资者、法国国王、西班牙国王，以及荷兰投资者的债务支持，我们熟悉的美国可能根本不会存在。

债务立国

今天的美国金融博物馆里，一句汉密尔顿 1781 年的名言，点明了美利坚建国之基："国债，如果不太多的话，将是一种对国家的恩赐。"

独立战争以 5400 万美元债务为代价换来成功，那么，如何避免"打江山"的负债拖累"守天下"？ 曾经在商业银行工作的汉密尔顿有丰富的经验，他知道，多印纸币来偿还债务无异于饮鸩止渴，引发社会波动的通货膨胀将是必然，并将威胁英法两国围困中的脆弱新政府。面对债券、借条和政府及州政府发行的纸币，身兼中央银行功能的财政部决定发行新纸币，旧纸币可按票面价格 1:1 兑换，同时规定只有新纸币可购买政府债券，这样旧纸币迅速退出市场，新纸币很快回流财政部。不到一年时间，财政部用新发行的政府债券回购战争期间遗留的近 2/3 旧债务。

对债权人，旧纸币兑新纸币，新纸币购新债，旧债换新债；对负债累累的政府，新纸币购旧纸币，新债兑新纸币，新债换旧债。新旧两个时代的历史遗留问题就这样被汉密尔顿的"旋转门计划"体面地解决！如果当初通过征税来还债，美国必然成为左手征税、右手发债的"大政府"。因为有华尔街配合，以新债换旧债，美国才有今日的"大市场"。

当时华尔街如同一座活火山，平静之下按捺不住发现金矿的喜悦。经纪人们从各地以票面价格的 1/10 回购旧纸币，期待着按原价兑换美利坚合众国的第一批纸币。 尽管此时，"旋转门计划" 甚至还未被国会通过，始自美国建国之初的货币及债券流通，促成了一个循环流经财政部金库、经纪人皮包、公司账簿和家庭主妇衣兜的资本市场，其繁荣景象在英国依靠政府征税、民间金融机构自律的分裂体系中是无法见到的。

这样，一个全世界独一无二的资本市场在这里初具雏形，直至规模与影响力无可比拟，美国乃至世界经济重心遂向华尔街转移。由此，美国与欧洲的资本主义发展路径亦在分野：

尽管没有发债就没有现代资本主义，欧洲的传统资本主义强调重商主义——东印度公司，以及为其"护航"的战争绵延近一个世纪，倚靠着为军费而生的英格兰银行，加之随后巨额资本和海外市场触动的工业革命，这是一切的关键，尤其是这家百年公司的使命与历史代表着欧洲对国富民强的理解；而美国金融资本主义大不同，以发债独立、以债还债的国家，更能够理解资本市场的深意——债务，是革命中凝结力量的利益纽带，是新生的合众国得以巩固并收获信誉的可持续手段，在共赢中美国迎来属于它自己的世纪。

1791 年，政府债券市价已超过面值。1803 年，通过向国内外发行公债，美国融资买下路易斯安那，使领土面积翻了一倍。交易兴旺的证券市场随后为工业革命、科技创新成功融资。至 1804 年，53% 的美国政府公债由欧洲人购得，美国银行 62% 的股份也在外国投资者手中，正如今天的美国公债也多由中国、日本持有。

这一切可以归功于汉密尔顿的债务证券化重组方案！汉密尔顿天才般地将之前数以千计混杂的债券换为少数几只政府债券，又推出"美国银行"股票，直接促成了随后股票交易所、投资银行和经纪机构的兴起，为证券购销提供了成熟的平台。

被誉为"美国金融之父"的他却在此时淡出政坛。1804 年夏，汉密尔顿划船从纽约州前往法律允许决斗的新泽西州参加一场决斗。此前，他的政敌、前任副总统阿伦·伯尔竞选纽约州州长落败，将脾气发泄在汉密尔顿一篇批评自己的报纸文章上，于是致信给他要求决斗。那里是一片临河的公园，恰好是

3 年前汉密尔顿的 19 岁长子决斗丧命之地。或许,这可以解释为什么他在掏枪关头失去了当年创造资本市场时的决断力。

3 秒钟的迟缓,子弹击中汉密尔顿胸膛。47 岁的他与世长辞,而有关资本市场的理想在自家所住的华尔街延续。

政府的债权边界

汉密尔顿同时是"美国宪法之父",在启发日后美国法律体系的《联邦党人文集》中,他和制宪会议的召集人们提出,"如果人类都是天使,就不需要任何政府了,如果是天使进行统治,就不需要对政府有任何外来的或内在的控制了",试图厘清不是天使的政府,与不是天使的市场,应该如何相处,同时论证政府的边界在哪里。

债权界定了政府的权力,维系着与本国民众及国内外投资者的信任关系,在给予债务人信心的同时赋予其监督权。漫无边际的、无债权约束的政府权力,在美利坚建国者们看来,只会是低效率的代名词。美国选择发债而不是征税,以解决独立前后的财政困局,市场在这里发挥主导作用毋庸置疑。随之而来的,政府权力被约束在发债权限内部,越过这个债权约束构成的边界,属于非契约关系,不是政府的权力或义务,因此不应该属于政府治理体系的一部分。

债务无非是适度的问题,至今中国仍是美国第一大债权国,对于双方的利弊或者解决方式,是值得思考的。莎士比亚的《哈姆雷特》中,波罗涅斯说:"不要向别人借钱,这将使你丢弃节俭的习惯。更不要借钱给别人,你不仅可能失去本金,也可能失去朋友。"更多时候,债务不是借或不借的问题,贸易中的出超国借给相应的入超国是一种必然,正如中国购买美国国债,美国才会具有购买中国出口产品的实力;正如只有提高英国殖民地的民众收入,他们才有能力消费英国机器制棉布。出口减少,必然意味着购买外债的减少。适度的国家间债务，取决于适度的出口与内需比例。

无论历史上的文学家、思想家、哲学家如何谴责负债或者更具负面色彩的高利贷，我们都要知道债务作为一种工具，于国于民都可以是日常的朋友，合理地处理债务可以让我们提前品味幸福，激励我们更合理地规划人生。

| 第六章 |

胜家缝纫机与消费金融

乘坐"五月花"号横渡大西洋的第一批美国人，带来节俭传统，在这片新大陆播下《圣经》福音——"借债的人就是痛苦的人"。然而，无论是东海岸修筑铁道的工人，还是南方的种植园主，避免债务似乎都是不可能的。他们对"美国梦"的追寻，伴随着以债务之桥直达理想的向往，与本能般节俭之间的长久纠结。

"从清教徒到杰斐逊、梭罗到 20 世纪，美国文化一直推崇简朴生活，并将其当作民主的标志。"对于如何处理独立战争遗留下的债务，杰斐逊曾经与汉密尔顿争吵不休。前者是沉迷于"做农活、造钉子"的典型清教徒，出身富裕，对于后者提出的交由华尔街进行国债经纪业务，无论如何也放心不下这条"人性堕落的大阴沟"，更难以想象自由的合众国需要联邦政府出面发债。对债务的看法不同，竟然触发了美国政党制的产生。杰斐逊的支持者自称"民主共和党人"，汉密尔顿一方称作"联邦主义者"。大至国债，小到借贷，胜家牌缝纫机此时试图用人人可接受的方式解开心结。

胜家公司的发明

如同蒸汽机之于工业革命，被科技史权威李约瑟博士称作"改变人类生活四大发明"之一的缝纫机，在消费文明领域发动着一场革命。在 19 世纪的美国家庭，常见的是木质或金属家具，还没有一件可代表"机器时代"的产品。直至 1851 年，机械工人列察克·梅里瑟·胜家发明了这样一种代替手工缝纫的精巧机器。1853 年，胜家牌缝纫机在纽约的工厂投产，尽管一台售价 65 至 150 美元，但相对于普通家庭的 500 美元年收入仍称得上奢侈。市场很快接受了这一家庭消费的"大件"，却在短时间内跌入销售低谷。

1856 年，胜家公司的市场营销总监爱德华·克拉克找到了原因，不仅仅因为它的售价是家庭年收入的逾 1/7。当时，家庭主妇多为全职，在使用缝纫机后，一件衣服费时仅需手工的 1/5，多余的时间也是空闲。为什么需要一台如此售价不菲的机器来代替她们空闲的双手呢？他换位思考后，让美国家庭先用上缝纫机，然后分期付款！首付仅需 5 美元，每月再付 3 至 5 美元，3 年之内付清全款。轻松的分期付款方案在今天再常见不过，当年却威力巨大，20 年里胜家牌缝纫机共计销售 26 万余台，超过同行们的总和。

由此，一种以预期收入分期支付现期需求的创新方案，在这一年里开创了崭新的消费金融时代。它延续了 18 世纪末出现的为农业工人添置马匹、收割机等生产资料所设计的分期付款赊销方案，又在非生产工具领域的生活日用品方面，契合了消费者心理——即使是可有可无的奢侈梦想，也可以依据预期中的收入，通过买卖双方的理性约定提前实现。需要克服的，仅仅是传统伦理强加于人的罪恶感，或者说是一种对满足非刚性需求的自我惩罚机制。当人们度过了收入不可预期的垦荒年代，为什么仍需要坚守这一不必要的"痛苦"？19世纪末，分期付款销售已经在美国市场立足，"享乐主义"不再是一种主义，它可以是一种金融安排。

而作为家庭"蒸汽机"的发明者，兼致力于满足享乐主义的金融创新家，胜家公司一直命运多舛，它在 1986 年抽身退出自己开创的行业，转向煤气表、电动工具以及各种国防电子系统等多元化业务。它的缝纫机制造部门被分拆出售，两年后独立的"胜家缝纫机公司"因新股东涉嫌证券诈骗又急于出手，一位上海出生的加拿大籍香港人丁谓看到了机会：近 150 年历史的品牌，与散布在 100 多个国家的 3 万个经销商。这位同行称誉的"收购专家""公司医生"，最终以每股 38 美元，共计 2.8 亿美元价格收购了胜家缝纫机公司 76% 股权，将其私有为自己的美善集团，随后以一连串过高估计未来利润与股市溢价的多元化并购，将音响、电冰箱、CD 机、钟控收音机尽入囊中，试图打造以三菱集团为标杆的家用电器帝国，并且在国内复制分期付款体系，在国际市场推出各类"胜家牌"日用品。

　　遗憾的是，如同分期付款不可不了解手上与未来的现金流，在全球五个股市成功上市融资之后，美善集团因业绩不力和造假账，导致其香港上市公司创下有史以来最高亏损纪录，包括胜家在内的两个缝纫机品牌又被转卖。今天的胜家缝纫机已经由美国一家并购基金控股，属于持有胜家、Viking 以及 Pfaff 三大缝纫机品牌的 SVP Holdings 公司。

"缝纫机革命"

　　缝纫机在起居室里掀起的革命，如同蝴蝶扇动翅膀引发万里之外的一场龙卷风。产生的革命效应首先发生在劳动力市场：没有缝纫机之前，家庭主妇们可能只能做烤面包之类的工作，这些烦琐的家务活足以填满她们的时间，甚至比丈夫们更忙碌；有了缝纫机，而且是可轻松实现的分期支付方案，她们得以有空从事全职工作。美国的劳动力供给市场随之成倍扩容！

　　这也是一场了不起的革命。缝纫机的大规模应用，让美国女性首先得到解放。随后以缝纫机消费为标志的分期付款，因导致一些家庭陷入债务困境，女性又多为耐用消费品购买的决策方，首当其冲地被指责为非理性地消耗财富，这显然是传统文化中性别歧视在金融领域的反映。

　　消费原本是单纯的消耗，存在于买卖双方现金转移的一瞬间，以及随后商品在使用过程中的价值损耗。但是，分期付款使消费行为中产生的现金流可持续了——人们可以用未来的收入支付今天的消费，支付过程因时间跨度增长而每次支付额降低，购买决策过程中的心理负担得以减轻，美国市场上的家庭消费开支随之加大。1850 年，美国人只有 2% 左右的收入用于购买耐用消费品。随着分期付款模式的推广，1880 年这一比例已提升至 11%。此后，耐用消费品的生产增速每年达到 4.7%，远远高于耐用工业品的增速。

分期付款规模化直接促成一系列相关产业的发展，除了零售商提供零售消费信贷，商业银行、信用合作社、消费者财务公司、销售财务公司等金融机构开始提供现金消费信贷。其中，商业银行自 1946 年起就占据了全美消费信用贷款中 35% 的汽车贷款、60% 的房屋贷款。一些中介机构随之而来，为消费信贷的提供方搭建消费者信息平台。他们包括消费信贷报告机构，以及调查性的信贷报告公司，机构之间往往签有相互使用资料库的合作协议，即使消费者搬家，也不会影响到当地信贷提供者对其信用记录的获取。

通过涵盖越来越多商品与服务的消费贷款，人们可以缓解在不同年龄时收入不均导致的消费力不平衡问题。医疗保险、养老保险、各类基金等金融品种，目的也在于安排好未来各种可能的需求，以减轻青年、壮年时期的存钱压力，从而促进消费。总之，住房抵押贷款证券化以及其他相关的金融发展，都围绕着把人们从存钱压力中解放出来，进而释放消费动力。

由消费金融创新引爆的三重革命，从胜家牌缝纫机中诞生。第一重社会革命，体现于性别的社会角色在悄然改变，女性被缝纫机解放，放归社会劳动力市场，又被随之而来的消费信贷模式赋予更多的权力，相应而来的是更多的指责。第二重产业革命，以消费信贷模式为中心产生一系列服务性支持产业，从专业化的消费信贷提供方，到各类中介机构。第三重金融革命，由这一小钱撬动大钱、跨账期的崭新金融产品带来，以此为基础，期权、对冲基金等应运而生。金融，开始真正展现其魅力。

推开按揭之门

缝纫机为美国家庭打开一扇门，它指向更令人目眩神迷的商品——一些从未想过拥有的、超过普通家庭年收入的"大件"，最典型的，850 美元的福特牌 T 型小轿车、带花园的郊区住宅，都在这时候列上家庭购物清单。

1913 年，商人韦弗在旧金山成立美国第一家汽车按揭贷款公司，人们只需预付 1/4 即可将车开回，剩下的分期付款。1925 年，同类公司已经达 1700 家。其间受此启发，1916 年，一名叫爱德华·朗姆利的财务顾问向福特公司创始人建议自办一家汽车按揭贷款公司，被老福特一口回绝："我们的车非付现金不卖！"在当时位居次席的通用汽车看来，将今天的收入推迟到可预见的未来，实在不成问题，而且通用售价一般贵过福特两倍。1919 年通用推出按揭贷款后，7 年时间市场份额即超越老对手。此后，福特再无力反超，即便 1921 年也曾效仿推出同类业务。

至 1924 年，美国 75% 的汽车通过分期付款进行赊销。当年，零售分期付款赊销的总金额为 6.7 亿美元，50% 以上是汽车分期付款，没有其他任何耐用消费品在消费债务中占如此大比例。美国经济学家威尔·伯普鲁默 1926 年发现的数据，可以从反面论证——美国未偿还消费信贷的绝大部分用于购买以下商品：1. 汽车（50%），2. 家具（19%），3. 钢琴（7%），4. 缝纫机、5. 电唱机、6. 洗衣机、7. 收音机、8. 珠宝首饰、9. 服装、10. 拖拉机。在美国经济向借贷消费模式转型的过程中，汽车按揭贷款实在是不容忽视的大事件。

按揭因缝纫机、汽车等商品而产业化、市场化，只有住宅例外。作为一项可增值的投资，住宅不像汽车属于纯粹的消费，会在使用中损耗价值，而且又是最具刚性需求的商品，因此，它天然适合进行按揭贷款，甚至不会被人们在分期购买缝纫机、汽车时面临的观念所阻碍。实际上，住宅是中产阶级家庭最大一项支出，最早开展按揭，迄今为止却是唯一在政府主导下进行按揭的消费品。20 世纪 30 年代起，在"罗斯福新政"促动下，美国政府直接介入这一消费信贷市场。

胜家手摇式缝纫机

1932年成立的联邦住宅贷款银行，包括总行和12个分区行，储蓄放款协会、储蓄银行、保险公司等均可加入成为会员，从而形成一个政府监管方与市场主体共同参与的住宅保障平台。

1933年，属于联邦住宅贷款银行的住房房主贷款公司，开始从储蓄放款协会购买住宅贷款，以保证资本的流动性。1934年设立的联邦住房管理局，又向住宅的贷款方提供保险，以减少他们的顾虑。在官方资金与保险的双重保障下，新开工住宅迅速增长，从1933年每年不足10万套，至1940年50多万套。

与此同时，美国各地历史上形成的规格不一的住宅贷款合同条款也在走向统一，逐步形成全国通行的格式，为建立住宅贷款的全国市场打下基础，特别是有利于吸引保险公司等机构投资者入市。

随后直接为住宅贷款方提供资金的，是1938年成立的联邦国民抵押贷款协会，简称"房利美"，通过发行信用债券筹集资金，购买受到联邦住房管理局、退伍军人管理局等政府机构保险或保证的住宅贷款。二战后，联邦政府仍不断推动个人信贷市场成长。1968年，联邦政府将"房利美"一分为二，职能部门交给新成立的政府全国抵押贷款协会，即"吉利美"，购买未得到联邦住房管理局、退伍军人管理局保障的房贷，"房利美"则成为"政府赞助的私营公司"，"两房"互为补充，共同保证这一市场的资金流动性。

1970年，又一家"房地美"成立，全称联邦住宅贷款抵押公司，专注于购买得到联邦机构保障的住宅贷款。20世纪70年代至80年代初，政府方面开始发行"集束通过型"住宅贷款抵押债券，将其证券化提升至一个新的高度。房利美、吉利美、房贷美三家则直接担当债券发行中介机构，极大促进了美国住宅贷款市场的成熟。此时，"三房"已经远超其他市场化同行，成为最大的住宅贷款债权人。

福特 T 型车在底特律首次下线

无论如何，美国住宅按揭贷款从一开始，即以超乎想象的政府意志统筹推进，尤其是面向中低收入家庭的住宅贷款，近似于投资全国性水利设施或粮食战略储备，与其他商品的按揭贷款迥异。直至 2008 年次贷危机，由政府担保的住宅贷款证券化引发金融衍生品市场崩溃，对这一体系的反思与重建随即开始。

应有的消费观

回到《圣经》或东方社会传统伦理的教导，过度消费一直被认为是不道德的。中国人常说，新三年、旧三年，缝缝补补又三年。已经勤俭持家几千年的中国家庭，需要重新看待节俭的意义：社会的消费需求是否被压抑？正常的产业链运转是否受到阻碍？

至于"过度消费"，如果当年没有用未来的收入去消费，就不会有缝纫机、汽车、房地产的大发展。历史证明，这一借贷消费机制是合理的、伟大的。

美国人收入并不高出中国人太多，如果按照购买力平均价计算，二者相差无几。简单比较，在美国挣 2 元钱所能享受的生活，在国内花 4 元也能获得。两国生活水平的差距，更多是体现在信贷水平的差距上。信贷的作用，直接反映到社会生活中即"货币的放大效应"。我们从银行贷款买房，开发商再将钱存入银行，然后他人再去贷款，这笔钱就已经被使用了两次。如此反复，在提升社会财富和消费水平的同时，我们并没有付出更多的货币。那些需要支付的东西，在远远的未来等着我们去赚取。因此不必害怕消费，更不必害怕消费信贷，其含义远远大于即时满足。它也涉及克制、勤奋工作，以及将自己的生产能力引向耐用消费品的积极行为。

现在我们一年的收入，相当于父母一代一辈子的积蓄。为此，着眼于个人一生的消费与储蓄规划是必然的，而无须如同农耕社会，为下一代积蓄存款，以至于为后代留下债务也将是不道德不正确的，由收入水平更高的下一代偿还，或许会被广泛接受。因为，他们可以在更短的时间内，将上一代人长时间积累的债务还清。从这层意义上，"穷爷爷不要省钱给富孙子花"应成为普通人的消费观，需要将人生"活得精彩"！

| 第七章 |

金融大玩家摩根

　　约翰·皮尔庞特·摩根，这位垄断时代最后一个金融大佬，被称为"华尔街的拿破仑"，就其两次拯救美国经济的伟绩而言，这个头衔并不夸张。在民间演绎的文本中，他被塑造为贪婪的代名词，他的商业创新被认为是巧取豪夺之举，他对财富和权势的追求被视为阴谋和贪婪，他的生活方式当然是腐化和堕落的。当我们学会摒弃道德的有色眼镜，开始正视摩根的贡献，才能在那段波澜壮阔的历史中汲取更多的养料。

金融创新之父

1871 年，经过普法战争和巴黎公社革命，法国的政局一片混乱，新成立的波尔多临时政府首脑梯也尔给皮尔庞特的父亲发来了紧急电报，希望摩根家族能够在这个时候出手，在美国帮助法国临时政府承销国债，维持政府运转——法国政府希望摩根家族能够为他们承销 2.5 亿法郎（约 5000 万美元）的国债。这在当时是一笔极为庞大的数字，即便富裕如摩根家族，如此金额也是心有余而力不足。

皮尔庞特决定承销这笔国债，因为他想出来了办法。皮尔庞特把华尔街上大规模的投资金融公司集合起来，成立一个国债承购辛迪加组织，共同承购法国国债，由此创下了华尔街承销国债新模式。由于和华尔街金融资本一起承担风险和赚取利润，这种模式可以在赚取合理利润的同时，实现资产配置与风险的分散化。采用这种新的国债承销模式，皮尔庞特接下来成功地帮助了墨西哥政府、阿根廷政府和大英帝国政府在美国承销国债，到了 20 世纪初，已经可以毫不夸张地说——摩根财团变成了全世界各国政府的债主。

皮尔庞特创造性的承销国债的模式，可谓毁誉参半。早在他承销法国国债的时候，《伦敦经济报》就曾发表这样的评论："用'联合募购'的方式消化国债，并声称这种方式可以透过参加'联合募购'的多方投资金融家，逐级分散给一般大众，看起来，这种方式分散了风险，但是如果发生了经济危机，其引起的不良反应便会迅速扩张，以致势不可挡，反而增加了投资的危险性。"这一论调也普遍存在于纽约的评论界，然而不管怎么说，皮尔庞特成功了，名利双收，并为后世提供了可供参考的模板。

相比上述在国债承销模式上的创新，皮尔庞特在整合铁路行业时采用的信托机制则具有更为深远的影响。

19世纪后期，铁路运输业可谓是美国实体经济中的朝阳产业，而各类铁路债券和股票也是华尔街金融机构投机炒作的主要对象。当时的铁路已经覆盖了美国的重要经济地区，但由于这些铁路隶属于不同的铁路公司，里程虽然很长，但互不衔接，没有形成运输网，加上各公司为了竞争也竞相降价以求生存，结果整个铁路系统亏损严重、名存实亡。

目光远大的皮尔庞特洞察这种形势难以为继，决心对整个铁路行业进行重新规划，实现铁路行业的"垄断"，这就是后来的"摩根化体制"。

1880年，皮尔庞特为素有"铁路之子"称号的范德比尔特家族承销了纽约中央铁路公司的25万股股票。拿着这些股票，皮尔庞特来到了欧洲，为欧洲人讲了一个"美国梦"，成功建立起欧洲投资者对美国铁路业的信心，并把大部分股票推销给了欧洲人。在欧洲股权人的支持下，他不仅获得了不菲的利润，还得到了纽约中央铁路的管理权。通过任命合格的管理人员，皮尔庞特建立起合理的财务目标，将纽约中央铁路建成了一条运营良好、现金流稳定的"模范铁路"，为"铁路的摩根化"打下了良好的基础。

1882年2月，皮尔庞特召集各铁路的所有者举办秘密会议，达成联盟协议，共同提高铁路运费，消除彼此之间的无序竞争，进一步提升了欧洲人对美国经济的信心，史称"历史性的摩根会议"。1900年，皮尔庞特直接或者间接控制的铁路已经长达10.8万千米，占当时全美铁路里程的2/3。

回顾"铁路的摩根化"，其过程大概分为以下几个步骤：

首先，发行新债券取代债权人的旧债券，新债券的利率大大低于旧债券，但是鉴于铁路行业的现状，债权人不得不接受新债券。

其次，聘请优秀的管理者和律师负责铁路的运营，提升运营效率。

最后，组建投资者的"股权信托"，实现对铁路的控制。即让成千上万的投资者将股权委托给摩根家族管理，换取股票信托证书。摩根家族由此获得公司董事会和所有重大决策的控制权。

通过上述手段，皮尔庞特将整个美国原来分散的铁路连接成一张运输网络，在缩短物理距离和旅途时间的同时，也大大促进了美国现代化的步伐。而股权信托（以金融手段控制股权，同时介入铁路管理和整合）的创新，亦被后人广泛采用。

世纪并购

有了雄厚资本的支持，皮尔庞特的眼光并不仅仅满足于铁路业的并购成就，他很快就把目光投向了铁路产业的上游——钢铁业。为此，摩根财团直接创办了联邦钢铁公司，几经拼搏后，联邦钢铁在美国企业界奠定了亚军地位。在当时美国钢铁企业的排行榜中，坐头把交椅的是钢铁大王卡内基，第三则是那个在五大湖周围一直到南方大肆购买铁矿山并插手制铁业的洛克菲勒财团。因为产业竞争关系，皮尔庞特与卡内基、洛克菲勒两人一向交恶，利用金融资本整合整个钢铁业的愿望似乎遥遥无期。

机会出现了！1899 年，卡内基钢铁公司掌舵人卡内基接二连三地遭受失去亲人的打击，再加上工厂里发生熔炉爆炸事故，卡内基失去了自己最可信赖的助手，接二连三的沉重打击使卡内基陷入了人生思考之中："自己从一个织布工的儿子，一文不名的穷光蛋，发展到今天这个地位，拥有这么多财富，究竟是为了什么？为什么现在我富有了，上帝却偏偏在这时让我承受亲人朋友离我而去的痛苦？难道是聚敛财富给我带来的罪孽？"卡内基思考之后得出来的结论是："富人如果不能运用他所聚敛的财富来为社会谋福利，那么在巨富中死去是一种耻辱。"卡内基决定放弃钢铁事业，转而利用自己积累的财富从事慈善事业。

在得知卡内基决定放弃事业之后，皮尔庞特抓住时机，他找到自己的宿敌，通过谈判收购了卡内基钢铁公司。

既然已经收购了老大，为什么不将老三一并收入囊中呢？更何况，老三还控制着一大堆铁矿山和制铁业呢！接下来，皮尔庞特特意拜访了钢铁行业的另一个对手——洛克菲勒，并再度高价收购了他的铁矿山，像铁路产业一样，将美国钢铁业一统天下。

利用金融业资本的力量，皮尔庞特一方面实现横向并购，另一方面则不遗余力向产业链的上游和下游拓展，资本的杠杆能力得以发挥，钢铁、铁路、矿山等托拉斯（Trust）集团由此而生，直接结果就是美国的工业企业规模扩大、成本降低，当然同时也获取了高额的垄断利润。

由于原来华尔街股票以铁路和运河公司为主，在摩根财团收购了铁路公司、钢铁公司、矿业公司、石油公司、通信公司股份之后，美国的华尔街不再是投机者的乐园，而是转变成美国商业活动和实业经济的中枢神经，由此改变了未来美国的经济发展方向。自皮尔庞特之后，美国才有了宏观经济和产业的概念，从这一条上说，皮尔庞特可以算作今天的华尔街和美国经济的"恩人"。

值得一提的是，1913年当皮尔庞特去世的时候，后人在清点其遗产时发现，如果不算艺术收藏，他的资产只有6830万美元。而当时洛克菲勒的身家是10亿美元，与之相比，皮尔庞特实在只算是个"穷人"。然而，皮尔庞特的厉害之处在于，他能调动和掌控比自己的资产高几十倍甚至上百倍的资金，这是别人所做不到的。

力挽狂澜

1900年，在摩根财团如日中天的时期，美国的GDP首次超过英国，成为

　　泰坦尼克号　1912 年，著名的泰坦尼克号豪华巨轮，就是约翰·皮尔庞特·摩根出资建造的。

当时世界经济总量最大的国家，而真正能够显示摩根财团影响力的，则是"1907年恐慌"。

当时，黄金短缺，在金本位制下，这就意味着货币供给不足、利率高企。信托公司以证券抵押的方式从商业银行中贷出了大量的贷款，致使整个金融市场陷入极度投机状态。信托投资公司与商业银行不同，无须提取存款准备金，具有较高的经营风险，随着投资的失利，信托投资公司首先遭遇挤兑浪潮。随后，股市崩盘，小银行纷纷破产倒闭，严重威胁了美国的金融体系，金融危机由此爆发。

由于没有中央银行，没有"最后贷款人"，政府不得不去求助私人银行家，美国财政部将 2500 万美元的政府基金交给皮尔庞特管理和运用，罗斯福总统也向皮尔庞特"献上了祝福"。换而言之，当时摩根财团承担了中央银行的职责。

然而危机来势汹汹，财政部提供的资金远远不够。放眼天下，只有发挥皮尔庞特个人的影响力，才能在短时间内弥补资金上的缺口了。于是，皮尔庞特召集纽约的投资银行家到自己的图书馆商谈救市。

他把商业金融家安排在东厅，地毯上绘有七条原罪；把信托公司的总裁们安排在西厅，穹顶上是圣母和圣徒的目光。然后，他把图书馆的铜门锁上，把钥匙揣在自己兜里，端坐在两厅的中间，仲裁着这场讨价还价。

经过一夜的谈判，疲惫不堪的总裁们终于达成协议，此一役，皮尔庞特又筹集了近 2500 万美元。

之后，市场经过数周的跌宕，终于渐渐平息了。危机解除了，70 岁的皮尔庞特威望也达到了人生的顶峰，他成为拯救美国金融的英雄，正如商业史学家和作家约翰·乔丹所说："在摩根时代，整个世界是如此之小，而摩根的影响力则是如此之大。"

颇具讽刺意味的是，在这次危机中，美国政府和人民深刻意识到，如果一个国家的金融安全系于一个身材肥胖的金融巨头上，前景将多么可怕。既然皮尔庞特个人可以起到如此巨大的作用，为何不成立一个政府机构来管理市场和处理危机呢？于是，金融危机的灰烬之上，美联储应运而生。

现代美第奇

美第奇家族是 13—17 世纪称雄于佛罗伦萨的名门望族，是现代金融业的开山鼻祖。这个以高利贷生意起家、精于计算的金融家族，却对中世纪前的古典艺术情有独钟，资助并成就了拉斐尔、达·芬奇、米开朗琪罗、波提切利、多那泰罗、提香等众多伟大的艺术家，主导开启了文艺复兴时代。（详见拙著《金融可以创造历史 1》）

自美第奇家族开始，历代被讥讽为不懂文化艺术、粗俗的金融家族，用其巨大的财力为今天的我们建造了一个又一个艺术的殿堂，而"摩根图书馆"无疑是其中不容忽视的一座丰碑。

摩根图书馆坐落于纽约市东部，藏书 30 多万册，从藏书规模上来看，只能算是一个小型的私人图书馆，但是它却享有"图书博物馆"的美誉。

19 世纪 70 年代至 90 年代，美国处于经济繁荣时期，文化事业也随之获得大发展。皮尔庞特觉得自己有责任在文化方面做出贡献，于是决意建立一个以文学、艺术、历史为主题的图书馆，使之与欧洲的大图书馆相媲美。从 1890 年开始直到 1913 年去世，在这 20 余年的时间里，皮尔庞特收集了大量的珍本书、名人手稿以及绘画，其中名人手稿包括狄更斯、马克·吐温、左拉、艾略特等人的小说；拜伦、济慈等人的诗作；贝多芬 96 号 G 大调奏鸣曲的乐谱；莫扎特 13 岁时的家书；梭罗的 40 卷日记；拿破仑一世给皇后约瑟芬的情书；美国历届总统（华盛顿、杰斐逊、林肯等）的信件和演讲手稿等。其他珍本更是不胜枚举。

皮尔庞特去世之后，其继承人小摩根于 1924 年将图书馆所有权转为摩根托管基金会，同时捐赠 150 万美元作为管理费。此后，图书馆向公众开放，并成立了馆内研究室，以弘扬皮尔庞特"收藏富有教育价值"的理念。

在基金会的运作下，摩根图书馆定期举办各类主题的展览，影响越来越大，馆藏也越来越丰富。许多收藏家甚至作家本人都把自己的珍藏或者手稿捐赠给摩根图书馆。如巴尔扎克、勃朗宁等的小说原稿，爱因斯坦等人的信件，法国作家安东尼·德·圣埃克苏佩里绘写的《小王子》手稿等，更有大批音乐大师的乐谱手稿及信件等。

1909 年，大文豪马可·吐温的小说《傻瓜威尔逊》手稿被摩根图书馆收藏后，马可·吐温本人曾亲笔致信皮尔庞特，信中说："我一生的最高理想已经实现，就是我的作品能有幸和您的珍贵藏品为伍，可以在这个幻灭的世界中得到永生。"这封信一方面体现了摩根图书馆的地位，另一方面也说明摩根图书馆已不仅是书籍的堆积之处，还有文化的脉络和人文的氛围。

在推动科技进步方面，皮尔庞特同样功不可没。其中最著名的案例就是投资爱迪生，创建通用电气公司。

1878 年，在摩根财团的支持下，爱迪生电灯公司成立，爱迪生本人占有50% 的股份，皮尔庞特及其他投资人占有剩下的 50% 股份。1889 年，公司通过业务重组，成立爱迪生通用电气公司。两年后，在皮尔庞特的运作和主导下，爱迪生通用电气公司和汤姆森－休斯敦公司合并为通用电气公司。虽然爱迪生的名气很大，但是汤姆森－休斯敦公司的效益更好，在新的公司中，爱迪生不再是最大的股东。

在皮尔庞特看来，爱迪生不是那个能将电气工业带入 20 世纪的人，而原汤姆森－休斯敦公司的总裁科芬是最为合适的人选，他支持科芬在通用电气下辖的各个子公司中推行合理化的改革，从而形成了统一的现代法人企业模式。

于是，发明家出局，企业家上位，在资本的助推之下，通用电气呼啸狂奔了一个多世纪，成为最伟大的公司之一，为人类的科技进步做出了卓越的贡献。

垄断和贪婪之罪

可以说，摩根财团一手控制了多个重要行业，一手控制了信托公司和银行，将金融和实业进行深度融合，以民间立场建立了金融调控系统，客观上为美联储奠定了标准，为中央银行调控商业周期和最后贷款人的角色进行了先期实践。金融由此从配套服务的地位上升为产业财富的控制者。

至于摩根的成就，一方面，固然有很多人认为他有益于美国金融体系，但另一方面，也有无数的人指责摩根财团的垄断和皮尔庞特本人的贪婪，这种垄断的形式甚至被列宁定义为"垄断资本主义"，列宁认为这些垄断企业获取了高额的垄断利润，本身就是不道德的。

然而，和中国的一些国有企业通过政权实现垄断不同，摩根财团的垄断是市场自由竞争的结果。在皮尔庞特看来，只有大的企业和整合的产业才能创造更大效益，把众多小企业整合成大公司，就好比将无数只水瓶中的水汇集到一个大水缸一样，可以节省资源、结束无序，而美国的商业体系理应由少数最优秀的人，诸如皮尔庞特和他的朋友与同事们来进行诚实与适当的管理——这种垄断从人们的情感上来看，确实有不道德的嫌疑，但客观上却顺应了当时资本主义发展的潮流，将资本主义的发展水平提升到了一个新的高度。所以，皮尔庞特才会傲慢地叼着他超大无比的黑雪茄，孜孜不倦于铁路、钢铁、电信、矿业等领域的渗透，贪婪得恨不得让整个美国都变成自己的。

至于"贪婪"，这只不过是一个道德评价而已，某种意义上说，所有伟大的发明和创新都是由于贪婪而产生。一个社会如果杜绝了贪婪，也就堵死

了社会经济发展的　　　　　个正常的市场经济社会中，不能去要求一个创业者不贪婪。　　　　人变成了社会公众人物，如何控制他的贪婪不至于破坏社会的分　　　　义不公，这可能才是政府制定经济运行规则时候应该关注的重点。

第八章

专利法与美式创新

从某种意义上来说，美国是一个被"发明"出来的国家，它的思想、民主、生活方式，甚至名字都是被创新出来的。从本杰明·富兰克林时代开始，尊重知识就成了这个国家最鲜明的特征。可以说，在这片被平民精神激发出了无穷能量的土地上，无论你出身于何种阶层，只要有才华、有能力、有专长，不需要依赖于所谓的家世背景或政治权力，通过个人的勤奋、勇气、决心去奋斗，就能实现自己想要的美好生活——这是"美国梦"，它为所有渴望逆袭的人提供人人均等的机会。而它的基础，则是源于对知识、创新、发明和思想的尊重，或者说，源于对专利的保护。

从特权到保护

世界上最早成文的专利法，可以追溯到 1474 年。当时的威尼斯共和国第一个颁布了《发明人法规》（*Inventor by Laws*）："我们中间有擅长发明和发现精巧装置的天才，……如果规定其他人不能建造相同的装置和拿走发明者的荣誉，就会有更多人运用智慧做出发明为我国人所用和带来利益。"

"专利"（Patent）一词起源于中世纪欧洲的拉丁文"Literae Patentes"，意为"公开信函"，意指任何由君主以公开信方式颁布的专门许可或特权，其中包括了特许权（Charters）、代理权（Commissions）、政府公职（Offices）、贵族头衔（Nobility）、市场垄断权（Monopolies）、探险许可等等，其中与现代的专利最接近的是市场垄断权。

在这部法规中，我们能找到对"专利"的解读以及相应保护条款："任何人在本城市制造了以前未曾制造过的、新而精巧的机械装置者，一俟改进趋于完善以便能够使用和操作，即应向市政机关登记。本城其他任何人在 10 年内没有得到发明人的许可，不得制造与该装置相同或者相似的产品。"显然，威尼斯的成文专利法已经开始激励更多发明以方便公众，并开始有了新颖性、发明登记、独占权、侵权及惩罚等现代专利法具有的基本规定。

不过，真正赋予发明人技术专有权的现代专利制度，则应该上溯到 1623年英国的《垄断法》（*Statute of Monopolies*），而这竟源于一场扑克牌特许权案例。1598 年，英格兰伊丽莎白女王授予自己的马夫——一个名叫达西的人关于扑克牌制作、进口、销售 12 年的完全垄断权。短短两年之后，达西就将阿林推上了侵权的法庭——1600 年，达西状告侵权人之一的阿林侵犯了自己对经营扑克牌的垄断权。

有意思的背景是，扑克牌既不是达西发明的，也不是被他引入英国的，作为大受欢迎的平民娱乐工具，当时的扑克牌已经被广泛使用，而达西也并未对扑克牌做出过重大改进。虽然我们无法推测英国王室为何强行授予达西这一垄断权利，但利益显然是不言而喻的。

这种无厘头式的授予，刚好为阿林提供了绝佳的辩护"武器"，他在辩护中指出，原告既没有引进国外新技术，也不是自己的发明，支持这样的"专利权"违背了自由贸易和公平的原则，是一种可恶的垄断（Odious Monopoly）。

最终，在法庭判决中，法官代表国会裁判王室的专利授权违法。接下来，为了杜绝王室滥用专利权敛财，国会于 1623 年颁布了《垄断法》，并在 1624 年正式实施。《垄断法》对专利权的授予有如下限制：专利只能授予技术的第一发明人；专利必须授予新的技术和发明，期限为 14 年；专利授予人不能通过其行动损害国家利益、破坏贸易或为国家带来其他的不便。

美国独立之后，有关发明权和版权条文的联邦宪法提案得到通过，命名为"专利与版权条款"（Patent and Copyright Clause），是联邦政府的主要权力之一。美国宪法的第 1 条第 8 款规定："保障著作家和发明家对各自的著作和发明在一定期限内的专有权利，以促进科学和实用艺术的进步。"

1836 年，专利法增加了审查制度。之后，美国的专利法几经修改才逐渐完善，而专利局也从最初由国务卿领导，到现在成为商务部的一个下属部门。美国新的专利法规定，受保护的专利有制法、机器、制造品和物质的组合等发明。相反，不能得到专利保护的发明则包括数学公式、自然现象、物理定律和逻辑演绎等。也就是说，发明必须新颖、实用，而且是人工制造或发明的，不能是自然界的产物。发明专利允许发明家和专利拥有人阻止他人出售、制造和使用自己发明的权利。

托马斯·杰斐逊的贡献

如果说在工业革命期间，英国人用蒸汽机开启了一个强大的帝国时代，那么在此之后，是英国的"长子"美国手捧"接力棒"，成长为新世界的领跑者。在"美国梦"的激励下，美国人不仅发明了环锭纺织机、缝纫机、打字机、白炽灯和电话，还发明了各种各样的"方法"：从惠特尼的互换技术、福特的大量生产到泰罗的现代管理——依靠这些革命性的"软件"技术，美国由一个后起之秀迅速成长为世界工业第一强国。正如一位欧洲评论家所说：除美国人外，有谁发明过挤奶机、搅蛋机或擦皮靴、磨刀、削苹果和能做100件事情的机器？而这些事情自远古以来，其他人一直是用10个指头做的。

曾任尼克松总统的科技顾问兼白宫科技政策办公室主任的爱德华·戴维谈及19世纪初期至20世纪初期美国的崛起之路时说道："在很多美国总统和普通美国人思想文化当中，存在一种重要观念，即通过采取新观念、新方法和新技术，就可使人类获得进步，这不仅是可能的，而且是必需的。"在19世纪，一位美国人能够获得由乔治·华盛顿和托马斯·杰斐逊定制的、由总统和国务卿签发的专利证书，是一种极大的荣誉，因而不断涌现出大量的发明家。

美国的开国先贤中，托马斯·杰斐逊是《美国独立宣言》的主要起草人，也是美国开国先贤中除华盛顿之外最具影响力的人物。虽然杰斐逊更多是作为政治人物而被人熟知，但实际上他不但曾亲自起草了美国最早的专利法，而且他本人也是诸多创造发明的参与人，他改良的一种犁铧，还曾得过国际组织的嘉奖。

华盛顿在担任美国第一任总统期间，曾跟杰斐逊讨论过创新发明对一个国家发展进步的意义。那个时候，世界上最强大的是英国，制造业中心在英国和欧洲大陆，美国只是偏远落后的农林产品输出地。这些先贤们知道，虽然美国有资源，但是如果它不制造、不在发明方面做出创新产品，它将永远成不了强国。为此，美国在欧洲大陆大肆广罗技术人才，并开创了美国特别优待技术人才的传统。

为了留住人才，并保证人才创举的权益，1790年，华盛顿就任总统的第二年，由杰斐逊起草的保护创新和发明的专利法出台，从此美国成为世界上保护创新最严格的地方——这里不仅保护创新，而且为欧洲大陆的人才提供最好的条件，由此也保证了美国成为世界上最吸引人才的国家。

杰斐逊作为美国开国元勋，促进美国政府通过了保护创新和发明的专利法，让全世界各国都开始注重创新与研究，注重人才的激励与保护，让所有发明者的权益得到公正的待遇，由此促进了整个人类的科技水平加速发展、日新月异。

当年杰斐逊收集到有关专利和发明创造的有用参考文献，就把它们放在自己装鞋的盒子里，时至今日，美国专利商标局仍然把审查员用的检索文档称为"鞋盒"（简称为SHOE）。从历史上看，华盛顿和杰斐逊对保护专利的远见卓识自是不必多说，后来，专利为美国带去的"功效"实在是大大超出了他们的预料。

发明家还是剽窃者

美国真正开始大力实施专利制度始于林肯时代——林肯认为，"专利制度就是将利益的燃料添加到天才之火上"。从林肯的"强化专利"中受益最大的个人，大概可以算是爱迪生了。

众所周知的是，爱迪生是一个了不起的发明家，"光明之父""现实中的普罗米修斯""发明大王"等光环都属于他一个人。在美国，他拥有白炽灯、留声机、碳粒电话筒、电影放映机、电影摄影机、钨丝灯泡、电话等1093项专利，连同他在英国、法国和德国等国的专利，爱迪生一生申请的专利数量超过 1500 项。因为其一生的发明创造对人类贡献巨大，曾被美国总统胡佛称赞为美国最负盛名的人。

事实上，爱迪生名下的大多数专利是公共专利，在他的一生中，被专利保护了 17 年的发明有电子、机械或化学制品，大约 12 个是外观设计专利，一个装饰设计被保护了 14 年。但是大多数的发明不是完全原创的，而是改善已被发明但仍不完善的产品，少数原创的包括能够记录和回放声音的、史无前例的留声机。

1870 年以后，爱迪生申请的发明专利开始越来越多，几乎每一年都有一项创举，尤其 1881 年是他发明的最高纪录年。这一年，他申请立案的发明有 141 种，平均每三天就有一种新发明——这显然是一种令人难以想象而又不可思议的速度。

事实上，爱迪生的主要发明诞生在新泽西州的门洛帕克实验室（Menlo Park Lab）——世界上第一个设立以专门用于技术革新和改善现有技术为目的的机构。虽然许多雇员根据他们的专业方向开展研究工作，并取得了辉煌的成果，但在法律上大多发明专利归爱迪生本人所有。

1915 年，特斯拉和爱迪生被同时授予诺贝尔物理学奖，但是两人都拒绝领奖，理由是无法忍受和对方一起分享这一荣誉——这也一度将爱迪生推向了剽窃的风口浪尖。特斯拉被认为是当时美国最伟大的电机工程师之一。在美国电机工程史上，即便是今天，特斯拉的名声依然能媲美其他对人类贡献最大的发明家和科学家。

1884 年，爱迪生雇用了特斯拉，安排他在爱迪生机械公司工作。特斯拉开始为爱迪生进行简单的电器设计，他进步很快，不久以后就能解决公司一些非常难的问题，直到完全负责爱迪生公司直流电机的重新设计工作。1919 年，特斯拉宣称，当他完成马达和发电机的改进工作以后，爱迪生非但没有付给他承诺的 5 万美元奖励，反而利用自己的成果申请了专利所有权并从中获得了巨大的利润。

这并非绝无可能，20 世纪 80 年代美国国会通过的新专利法还不够完善，它规定发明人只要提交发明的说明、图像或模型，并交纳一笔费用即可获得专利权，并规定发明的有效性由法庭决定——这个规定为"剽窃"提供了丰厚土壤，只要有钱，出手够快，任何人都可以将别人的发明成果拿过来据为己有。

从美国到世界

从富兰克林、杰斐逊到爱迪生，这些发明家们代表着"美国梦"的核心——他们不是靠着特权、并非依赖于贵族身份而获得成功。"美国梦"的核心是依靠自己知识技能的积累实现平民逆袭的过程，因为，从"五月花"号船只来到美国的那一刻开始，每个美国人都相信，人人生而平等，知识自有其价值。

专利的另一面是资本。无论爱迪生拥有多少项专利所有权，倘若知识无法与资本进行有效对接，很难想象，如果支撑爱迪生一直发明下去的动力——财富与金钱不复存在了，1500 多项的发明还能留下多少。换一个角度来看，假设爱迪生不是在美国，而是在英国、法国、日本或者中国，他的成就，他对后世、对整个人类的贡献恐怕就要重新计算了。

为知识付费，是源自西方的一个非常重要的概念。在自己众多发明专利的基础上，爱迪生于 1892 年创立了屹立至今的通用电气公司（GE）；1908 年，爱迪生创立"电影专利公司"，是一家由九个主要电影工作室组成的企业集团，即后来的"爱迪生信托"（Edison Trust）。根据美国国会 1922 年的一项统计，爱迪生使美国政府在 50 年内的税收增加了 15 亿美元。另据 1928 年的一项调查，全世界用在与爱迪生发明有关的事业上的资本数量，当时就达到 157.25 亿美元。而他这一切成就的产生除了他本人的天分，更多的是专利法对其成就的保护和支持。

美国总统林肯那句"专利制度就是将利益的燃料添加到天才之火上"至今仍刻在美国商务部的大门口上。从林肯执政的最后一年（1865）开始至1900年，美国经过正式批准登记的发明专利达万余件，远远多于其他国家。正是依靠强大的科技创新实力和成果，美国很快在以电气化为标志的第二次工业革命中独占鳌头，经济上很快超越老牌欧洲强国，成了世界上最富裕的国家。

美式成功，也促使专利制度在全世界范围内迅速建立起来。英国于1852年进行了专利改革，继美国和英国之后，世界各国纷纷制定了专利法，到19世纪制定了专利法的国家有荷兰、奥地利、俄罗斯、瑞典、西班牙、印度、加拿大、德国、日本等，到了1983年，已经有140个国家制定了专利法。

在中国，有关知识产权的问题可能更复杂一些。苏秦、张仪的合纵连横术是以政治功用为核心的；而在传统的儒家文化中，"齐家治国平天下"，把知识作为公共财富成了一种思维惯式。一方面，中国文化中带有强烈的功利主义价值观，知识必须要产生实际的用途，否则便会被划归到无用的范畴；另一方面，有些人觉得剽窃知识是正常的，就像孔乙己说的："窃书！……读书人的事，能算偷吗？"也正因如此，中国的专利如果无法得到保护，就会变成科学界的腐败。

今天是属于互联网金融的大数据时代，大数据可以承载信息、知识和历史，而信息、知识和历史就是人类生存和发展的平台、资产和财富。大数据可以梳理历史，可以颠覆现实，当然也可以创造未来。从商业运作、社会治理到技术创新，我们都确信大数据不可或缺，必须开放，面向全球，更要面向我们自己。然而，大数据观念不只是明智领导的选择，也不只是精英人士的忧患意识，更是千千万万人能够在一个稳定而宽容的创业环境中的竞争过程。因此，我们需要这样一种可能：允许创业者、投资者与消费者真正将大数据作为资产、资本和生态空间去开发、增值和交易，而不是简单视其为工具。

| 第九章 |

垄断的功与罪

19世纪末到20世纪初的美国，可谓美国独立以来的"英雄时代"，国民经济尤其是工业经济飞速发展，逐渐赶超了老牌工业强国英国，其中资本在追求利益最大化的过程中，完成了从分散到高度集中的历史进程。飞速发展的工业经济在很多方面挑战着人们的观念，垄断与反垄断之争就是其中突出的矛盾，洛克菲勒便是这场争端中站在风口浪尖的代表性人物。列宁曾经强调，资本主义必然走向垄断，帝国主义是垄断资本主义的最高阶段。今天，我们有必要回到历史的源头，通过第一个被《反垄断法》定罪的洛克菲勒财团的故事，重新认识垄断的功与罪。

标准石油的崛起

　　1859 年，宾夕法尼亚州打出了第一口油井，拉开了美国现代石油工业的序幕。当时美国处于南北战争期间，战乱切断了南方向北方照明用松节油的供应，致使北方煤油产品需求增加；战争还使北方无法通过出口棉花赚取外汇，亟须用石油产品弥补这一损失；战争结束后，大量的退伍军人涌入产油区，让本就十分高涨的石油淘金潮更加狂热。在各种因素的刺激下，石油产业野蛮发展，十分混乱和无序。淘金者大多胸无大志目光短浅，他们只顾着疯狂地采油，无视石油供过于求的危险，很快石油价格开始下跌，1851 年 1 月一桶石油价值 10 美元，7 月只值 50 美分，到了年底更是降到了 10 美分，而当时一桶水价值 45 美分！

　　不仅如此，野蛮的开采还破坏了储油层，造成了资源的极大浪费。油井的主人并未因此而收敛，反而变本加厉地开采，唯恐被别人捷足先登抽干了石油。在这种无序的竞争下，新兴的石油工业面临巨大的危机，混乱的局面呼唤一个巨人出现。洛克菲勒就是这个创建现代石油工业的人物，在美国工业发展史上和现代企业兴起过程中占据极为重要的地位。

　　洛克菲勒对石油行业有着清醒的认识，他无意于介入混乱的石油开采业，他认为原油的真正价值在提炼之后才能体现，因此控制这一行业的关键在于炼油和推销。1865 年，他进入石油行业，在克利夫兰购买了第一家炼油厂。1866 年，洛克菲勒揽入自己的弟弟威廉姆·洛克菲勒为生意伙伴。次年，又揽入亨利·弗莱格勒（Henry M. Flagler）为另一合伙人，就这样，以 Rockefeller、Andrews、

Flagler 三人为核心的炼油公司 Rockefeller，Andrews & Flagler 随即诞生，这就是日后大名鼎鼎的标准石油公司。由于看准了美国市场对炼油业务的容纳能力，此后两三年间，洛克菲勒选择高风险的极端方法，大量举债增资、大量转投资、大量开发石油副产品，均大获成功。

等到 1868 年年底，Rockefeller，Andrews & Flagler 公司已在克利夫兰拥有两块炼油区，并在纽约设有一处交易据点，而洛克菲勒本人此时已成了世界上最大的炼油商。

1870 年 1 月 10 日，洛克菲勒将炼油公司 Rockefeller，Andrews & Flagler 重组为标准石油公司，总部设于克利夫兰。

垄断美国石油业

刚刚成立的标准公司，无论炼油，还是开发副产品，使用的都是当时最好的技术，开发产品的口碑也极好，而洛克菲勒本人更是将油品的信誉当作自己公司安身立命之本，这使得很多的原油厂商都愿意跟他合作。等到 1871 年，标准公司在石油界的绝对领导地位确立。

这年秋天，洛克菲勒秘密联系其他炼油商，组成南方促进公司，他同数个大型铁路公司（宾夕法尼亚铁路、伊利铁路）达成利益交换的秘密协议。南方促进公司承诺优先向该数个大铁路公司下单，而铁路公司给予南方近原价 40% 的高回扣，并出卖竞争油商的运输情报给南方促进公司——在南方促进公司总计 2000 股的股权中，标准石油一家就占了 900 股，由此得到了无比丰厚的回报。

因为铁路公司对非南方公司的炼油商提高运费，这些炼油商日子十分难过，趁着自己的强大，在 1872 年短短的 4 个月时间里，标准石油以迅雷不及掩耳之势成功收购了克利夫兰境内的 22 家炼油公司（当地业者总计 26 家），这就是历史上非常著名的克利夫兰"大屠杀"。

在站稳克利夫兰之后，标准石油继续以锐不可当之势，成功将美国境内上百家炼油公司收归麾下，等到 1879 年，成立不过 9 年的标准石油已经控制全美 90% 的炼油产业。此时，洛克菲勒的石油公司大得足以随便跟钻油业者和铁路业者讨价还价了。

1877 年，标准石油与最大运输者宾夕法尼亚州铁路发生冲突，洛克菲勒决定自己建造输油管线，成立自己的运输通道。在与铁路运输公司的竞争中，标准石油乘机渗透铁路行业，实力更加浩大。而这次的冲突也让洛克菲勒和他的石油公司成为全国瞩目的议题。

到了 1882 年，洛克菲勒的标准石油已经巨大到抵触美国当时法律对于一家独立企业的限制范围了，为了让自己的规模更为巨大，洛克菲勒采用托拉斯的手段。简单说，就是让所有公司名义上不由同一人直接控制，但股权仍然集中在少数人手上以控制市场。于是，标准石油托拉斯成立，以对炼油环节的完全控制为基础，洛克菲勒将触手向上下游伸展。他踏入运输与终端销售，并成功建立了自己的垂直系统，他的这一举动也摧毁了许多原有的配油商，再度引起巨大争议。

在这个托拉斯结构下，洛克菲勒合并了全美 40 多家厂商，垄断了全国 80% 的炼油工业和 90% 的石油管道生意。在标准石油的“示范”之下，托拉斯在全美各地、各行业野火般迅速蔓延开来，美国垄断时代到来。

到了 1890 年，标准石油托拉斯成立后的 8 年，它已经控制了全美 85% 的大多数石油相关行业，由上而下，钻油、炼油、配油、内需、出口、副产品加工等等，建立了一个石油提炼加工整体并投放到市场的全产业链；就全球市场来说，除俄罗斯占了约 25%—30% 的市场外，70% 以上全世界石油工业的每一个环节，几乎已全部被标准石油控制。

1899 年，标准托拉斯改组为控股公司——新泽西美孚石油公司，洛克菲勒为最大股东，掌握着公司股票额的 25%。总公司下设 41 个子公司，子公司又拥有70多个下属公司。后其又将资本投入金融界控制6家银行，形成垄断财团。

可疑的垄断之罪

美国是一个非常讲究个人主义和个人权利的国家，在非自然垄断行业，当整个市场上一家公司的实力大到足以牵着政府的鼻子和民众需求，就如同被一个人决定一切，就会引发民众的强烈不安情绪，此时的政府很难坐视不管。

对于洛克菲勒和其他的托拉斯企业垄断各种产业，民众开始担心自然资源正在被开发得行将枯竭，洛克菲勒本人则被描绘为"邪恶的"、为达目的不择手段的垄断资本皇帝，劳工们因为公司挣下如此巨额财富而他们自己的经济地位却没有什么改善而痛恨，小商人们更是面临不投降就破产的选择，他们的普遍利益和政治压力最终推动了1890年《保护贸易和商业不受非法限制和垄断之害法》即《谢尔曼法》的出台。

经过旷日持久的调查和取证，1911年5月15日，美国最高法院裁定，美孚石油公司是一个垄断机构，应予拆散，根据这一判决，美孚石油被拆分为37家地区性石油公司。然而，洛克菲勒25%的股份并未受到负面影响，更重要的是，随着同时期汽车业与家庭天然气需求的快速发展，投资者依然热衷地追捧这些股票，使得拆分后众多公司的股票市值合起来反而远远超过原来美孚公司的市值，洛克菲勒家族财产非但没有减少，反而比从前更多了。

从客观的历史角度分析，自然竞争条件下产生的垄断并非我们想象的那般糟糕。

1870年洛克菲勒创办标准石油公司的时候，美国炼油业处于自由竞争时代，但当时的美国汽油价格是每加仑88美分；等到1900年，洛克菲勒财团垄断美国的炼油业之后，美国汽油价格已经降到了每加仑5美分，并在此后很长时间内保持这一很便宜的价格——这显然说明，自然垄断企业并非众人想象的为了获取垄断利润而故意抬高制成品价格。因为，自由竞争条件下，如果垄断企业随意提高价格，挣取丰厚利润，自然就会有其他行业的资金和人员进入这个行业，从而阻止企业的垄断。

《谢尔曼法》制定时正值美国的第二次工业革命，正是因为一大批托拉斯企业的存在，美国的工业生产率得到极大幅度的提高，工业制成品的价格普遍下降，而产量则迅速增加。以 1910 年至 1914 年的价格为基准，批发商品的价格指数从 1870 年的 135 下降到 1880 年的 100，到 1890 年又下降到 82；在形成了托拉斯的几个行业中价格的下降最为厉害，如燃料和电力，价格指数从 1870 年的 134 下降到 1890 年的 72；商品价格在 1890 年以后继续下降，到后来基本保持在 1890 年的水平。

在完全自由放任的经济政策下，并不否认一些托拉斯企业的确有不少劣迹，但整体而言，公众对托拉斯和其他垄断组织的强烈不满与其说基于经济理性，不如说是出于社会道德、公平和责任的标准，出于对一些经济巨头拥有对社会进行控制的权力的担心，以及由于经济结构急剧变化所带来的惊慌和失望的心理。美国国会立法制止托拉斯垄断，与其说是注意到经济竞争的效率问题，不如说是政府为了应对公众情绪的社会问题、政治问题和道德问题。

洛克菲勒 1937 年死亡时，他的财富总值估计为 14 亿美元，而当时美国的 GDP 仅为 920 亿美元，若以财富所占美国 GDP 百分比的方式换算，老年的洛克菲勒无疑是美国现代史上第一富豪，不是任何闻名于世的美国超级富豪——包括比尔·盖茨或山姆·沃尔顿所能相比的。

尽管因为拥有巨大财富而引起社会的警惕，但就个人道德而言，洛克菲勒本人绝对是当时和今天的楷模，他一直是个虔诚的基督徒，严格遵循浸礼会的教条生活——不喝酒、不抽烟、不跳舞。更有甚至，与一般意义上的富翁习性不同，洛克菲勒对购买法国庄园或城堡无甚兴趣，也不屑于购买艺术品、游艇或古式服装，一生过着极为简朴的生活。

1897 年，从标准石油公司退休后，洛克菲勒专注于慈善事业，而中国在洛克菲勒基金会的海外投资中独占鳌头，北京协和医院及医学院是洛克菲勒基金会在中国最大、最著名的一项事业，周口店"北京人"的挖掘和考古工作，洛克菲勒基金会从一开始就参与其中。除慈善事业外，洛克菲勒还积极地参与文化、卫生事业，将大量的资金用来建立各种基金会，投资大学、医院，让整个社会分享一点他们的财富。

毫不夸张地说，洛克菲勒家族在过去 150 年的发展史就是整个美国历史的一个缩影，并且已经成为美国国家精神的杰出代表。

什么是真正的垄断

"垄断"这种行为，在目前的中国可谓是老鼠过街，人人喊打。然而，实际上"垄断"也分为很多种。一种叫作自然垄断，城市下水管道不能做两套，城市的原始系统不可能做两套，也就是说，这个垄断是必然的和自然的；另一个垄断是由自由竞争形成的垄断，以苹果手机为例，苹果公司的产品做得最好，占据最大的市场份额，于是形成了垄断；第三种垄断是行政垄断，是政府用管制的特权，通过法律文件设定行业入口限制，造成的垄断。

对于第一种垄断不必多说，对于第二种垄断却多有争议。笔者认为，在完全开放的市场上，我们没有理由根据企业的规模或者市场份额的大小来判定企业是否有罪，相反企业越大越强，说明其产品越受消费者的欢迎。有人认为，强势的企业利用其市场优势地位，采用不正当的手段打击竞争对手，这种行为应当受到惩罚。其实，所谓的"不正当手段"，无非是低价倾销、捆绑销售、拒绝交易或者第三方指定等。这些本是常见的市场竞争手段，我们只需考虑其是否侵权，不必从道德层面进行指控。说到底，企业家没有强制消费者消费的权力，他所采用的市场手段，如果成功则可以提升效率，消费者也可从中受益；

反之，则会被竞争对手打倒，诺基亚就是活生生的例子。因此，自由竞争形成的市场垄断者，只有不断进行技术创新、降低成本、优化服务才能强化其地位，在这一过程中，新的技术、新的需求和新的服务不断被贡献出来，整个社会随之进步。如果过于打击这种"垄断"，很可能会打击企业家的创新精神。

笔者认为，只有第三种垄断——行政垄断才是真正的垄断。这种垄断借助政府的权力，采用强制手段（设置行业准入限制、买卖专营、配额保护、关税保护等），其中有些是必需的，是维护国家利益与公众利益所不可缺少的。但也有一些垄断企业机制不活，拒绝市场竞争，效率低下，甚至需要政府财政支持才能苟延残喘。对这种垄断企业则应大胆改革，创新体制，引入竞争机制，增强企业活力。有的要依法破产，甚至是《反垄断法》的施用对象。

| 第十章 |

庚子赔款真相

1901年9月7日，经过艰难谈判，清政府终于与德、法、俄、英、美、日等11国驻华公使达成了屈辱的《解决1900年动乱最后议定书》，即《辛丑条约》。其中第六款规定，清政府赔偿俄、德、法、英、美、日、意、奥8国及比、荷、西、葡、瑞典和挪威6个"受害国"的军费、损失费共计4.5亿两白银，赔款期限为1902年至1940年，年息4厘，本息合计982238150两白银。

这就是著名的"庚子赔款"

我们的主流解释说庚子赔款原因主要是帝国主义的侵略与掠夺，但这种认识是有偏差的，实际上这笔赔款主要是用于弥补 1900 年"义和团运动"中的列强损失和军费支出，西方人称为"拳乱赔款"（Boxer Indemnity）。不过，因为 1900 年是中国农历庚子年，义和团运动也被称为庚子事变、庚子拳乱，因此在中国被称为"庚子赔款"，以中国当时约 4.5 亿人口计算，每个中国人被摊派 1 两银子。

义和团原称义和拳，其参与者被称为"拳民"，清政府通常贬称之"拳匪"，本来属于长期流行在山东、直隶（今河北）一带的传统民间秘密宗教，他们利用设立神坛、画符请神等方法秘密聚众，其中掺杂有大量教授信众"刀枪不入"的愚昧成分，屡次遭到清政府的残酷镇压。

1899 年，毓贤被任命为山东巡抚，作为一名顽固守旧、坚决反对任何形式"帝国主义侵略"的清政府高级官员，毓贤希望利用民间力量对抗洋人，所以他提出了"民可用，团应抚，匪必剿"的方针，并将山东的义和拳招安纳入民团，"义和拳"由此变成了"义和团"，其口号也由"反清复明"变成"扶清灭洋"。

义和团的"反洋"不分青红皂白，不仅攻击教堂，而且不分男女老幼地屠杀大毛子（传教士及家人）、二毛子（中国教民），即便是那些通洋学、懂洋语，以至用洋货如火柴的国人也被称为"三毛子"，轻则被殴辱抢劫，重则可能有杀身之祸。义和团还反对一切与"洋"有关的东西，包括铁路、轮船、电线杆等。由此，被他们杀死的中国人数量远远要超过洋人数量的几十倍。

到了1900年6月，由于华北平原爆发旱灾，众多饥民的加入使得义和团在山东、山西和直隶一带迅速发展壮大，并蔓延至天津、北京。在毓贤等一批守旧官员的鼓吹下，清政府行政中枢开始倾向于利用义和团反对洋人，由此不断唆使和纵容义和团开展焚烧教堂、屠杀教民等各种盲目愚昧的排外活动，最终发展到对11国列强宣战，并协助义和团攻击使馆区人员。

遭到义和团和清政府士兵攻击的北京东交民巷使馆区人员感觉到危险即将来临，他们向外发出求援信号。于是，1900年6月1日，一支由八国海军人员临时组成的432人联军在得到清廷默许后，从大沽经铁路抵达北京，协助使馆人员防守义和团攻击。由于清政府的宣战，先后有日、俄、英、法、美、德、意、奥等8个国家4万多名援军陆续来到中国，加入到对义和团和清政府的攻击中，这就是"八国联军侵华"。

从1900年6月21日清政府对列强宣战，到联军占领北京、朝廷9月14日发布上谕命令剿灭义和团，中国与八国联军的战争总共持续不到3个月，最终以大清朝廷仓皇逃亡西安并主动要求与各国"和谈"结束。

庚子赔款，赔偿的是14个帝国主义国家在义和团运动中的损失以及出兵费用。

庚子赔款与中国的家底

与两次鸦片战争和甲午战争的赔款不同，庚子赔款并非要求采用现金支付，而是以关税、常关税和盐税做抵押，采用了分期付款的方式。原因在于当时中国刚刚支付了《马关条约》中对日本的巨额赔款，已经借下了大量外债，根本无力支付如此高额的现金赔偿。

庚子赔款有害于中国自不必言，为筹措赔款，清政府将年度赔款额 2121 万余两白银摊派至各省、关，从而引起田赋、丁漕、粮捐、契税、当税、盐斤加价、关税、厘金、统税和各种苛捐杂税的不断增加，大大增加了地方政府和民众的经济负担，从此悲惨地彻底陷入"半殖民地半封建社会"的深渊。

《马关条约》中，日本向中国直接索要现金白银 2.315 亿两（包括 3000 万两"赎辽费"和 150 万两威海卫守备费），后来又借口银两"成色不足"，要求将所有赔款折算成英镑，让中国分别多支付了 3000 万两和 2000 万两白银。为了支付这笔赔款，清政府先后以关税、盐税等税源做抵押，分别于 1894 年（汇丰银款）、1895 年（汇丰镑款、瑞记借款、克萨镑款）、1896 年（俄法借款、英德借款）和 1898 年（英德续借款）向汇丰银行、德国国家银行、克萨银行、俄法财团、德华银行等借款，并发行相应的公债，全部的借款本息合计折合库平银高达 7.41 亿两白银——这才是清政府最终支付的甲午战争赔款的全部成本。

从相对政府收入比例来看，4.5 亿两白银一共罚了清政府 12 年的财政收入[1]，这固然很高。当时西方国家互相之间打仗，对战败国的赔款要求一般都是罚政府 15 年、20 年的全部收入，后来的第一次世界大战德国战败，由法国主导的战胜国干脆罚了德国政府 50 年的收入！

正因为庚子赔款西方列强并没有要求现金支付，而是分 39 年付清，由此清政府才第一次采用数字化管理的思路，用现在的技术和观念测算出中国的财

---

[1] 清政府 1899 年的财政收入为 1.0156 亿两白银，其中很大一部分是为了筹措甲午战争赔款而发行债券所得，并非真实的财政收入。

政家底和财富总量，并以此为基础测算出地方政府分摊比例、每年还款多少，从而第一次建立起现代的中国财政体系。

此外，由于清政府直接将赔款本息强压给各省分期支付，持续的还款压力也导致各省对朝廷离心离德，辛亥革命后一些省份纷纷宣布独立就是一个明证。

庚子赔款的退还

1904 年 12 月，就美国的庚子赔款是用黄金还是用白银支付一事[①]，中国驻美公使梁诚曾与美国国务卿约翰·海（John Hay）据理力争，谈话间约翰·海说出了一句"庚子赔案实属过多"，这说明，美国政府发现"庚子之乱"上报损失之中存在着"浮报冒报"现象。

梁诚敏锐地捕捉到了这一信息，放弃了原有的谈判战略，不再纠缠于赔款用黄金支付还是白银支付，而是在美国国会议员中四处游说退还不实赔款。

在众多亲华友人的努力下，1908 年 7 月 11 日，美国驻华公使柔克义（William W. Rockhill）向中国政府正式声明，将美国所得"庚子赔款"半数退还给中国，作为资助中国留美学生之用——庚子赔款中原定美国应得本金 2444 万美元，减为 1366 万美元，据此重新确定每年还款额度，并退还以前多收的款项。为确保所退还款项能用于留美学生而不致进入中国行政体系的浑水之中，美国政府规定在花旗银行设立"助学基金"，由美国政府监督使用。

1909 年 7 月 10 日，为落实美国提出的兴学计划，中国的外务部和学部详细规定了派遣留美学生办法，并附设肄业馆一所，作为留美学生的预备学堂。

---

① 庚子赔款支付之初，白银价格相对于黄金不断下跌，西方列强要求采用绑定黄金的英镑支付，而中国则希望用白银支付，这就是所谓的"镑亏"问题，截至 1905 年镑亏总额已达 120 万英镑（800 万两白银）。

学生经过肄业馆 8 年留美预备训练，完成基础学业并熟习美国的语言文字、生活方式、风俗习惯、社会政治等之后，直接进入美国大学三年级留学。

1911 年 4 月，肄业馆改称清华学堂，这就是今天位于中国北京的清华大学及位于台湾新竹的清华大学的前身。不仅如此，利用庚子赔款，美国人还在中国建立了 12 所教会大学和 1 所教会医院，这其中包括赫赫有名的燕京大学（1952年中国政府将燕京大学和北京大学合并，今日的北京大学校址即原燕京大学校址），教会医院则出现了协和医院。

美国的教育计划成效卓然，到了 20 世纪 30 年代，美国已超过日本，成为中国留学生最多的国家。那些考取庚子赔款的留美学生中的很多人，后来的几十年间都成为中国学术界最耀眼的明星，如梅贻琦、胡适、竺可桢、赵元任等，而他们的言传身教，又深深地影响了整个民国时代乃至今天。

1924 年，美国政府又宣布将全部庚子赔款退还给中国。由于当时中国没有稳定的中央政权，美国政府委托由美中两国人士组成的"中华教育文化基金会"管理退款。中华教育文化基金会用退还的赔款兴办文教事业，继续培养留学生并资助清华大学，还在 1931 年建立了当时远东最先进的图书馆——"国立北平图书新馆"，这就是今天的中国国家图书馆古籍分馆的前身。

在"榜样"的带动之下，英国、荷兰、比利时、意大利等国也纷纷仿效，将庚子赔款的一部分用于资助中国的文教卫生事业或直接退还。例如，今天的山西大学，其前身来自于英国利用庚子赔款退还而在山西建立的"西学专斋"。

第一次世界大战后，中国乃战胜国，因此停止对战败国德国和奥匈帝国赔款；1924 年 5 月，苏联政府声明庚子赔款是帝国主义强加给中国人民的不义赔款，苏联决定放弃俄国剩余庚子赔款，提倡将放弃的赔款作为中国教育款项。

根据历史资料统计，截至 1939 年 1 月 15 日南京国民政府财政部发出通告

西学专斋遗存

宣称停止支付庚子赔款为止，1902—1938 年这 37 年间，庚子赔款总计实付之数为 6.64 亿海关两白银，扣除美、英等国退款，中国实际支付的赔款数额共计约 5.76 亿两白银，尚不及甲午战争赔款的实际支付额度。

"帝国主义侵略工具"的再认识

无论是庚子赔款还是甲午战争赔款，关税抵押都是其中重要的内容，而谈到大清帝国海关税收，英国人罗伯特·赫德（Robert Hart）是个绕不过去的人物。

1901 年 12 月 11 日，光绪在从西安返回北京的途中发布了一道谕旨，以"总税务司赫德，随同商办和约，颇资赞助"，加封为太子少保——也就是说，因为协助商谈《辛丑条约》和庚子赔款，大清帝国授予赫德太子少保的无上荣耀。1911 年 9 月 23 日，清政府追封其为太子太保。

此时的赫德，已经病死于英国白金汉郡将近 3 个月，临死还挂着中国海关总税务司的头衔。从 1854 年来华到 1908 年休假离职回国，赫德的生命中有 55 年都是在中国度过——来到中国之时赫德年方 19，离开之时已是 73 岁的垂垂老者。

从 1861 年代理海关总税务司职务到 1911 年离世，赫德掌控中国海关长达半个世纪，我国主流媒体将其主导下的海关定义为"帝国主义侵略中国的工具"。不过，若是详细了解这个"侵略工具"半个世纪的运作流程，对于赫德，我们更应该表达的，恐怕是敬意。

因为，正是在赫德的领导下，清政府的海关隔绝于当时传统的腐朽行政体系，建立起现代管理制度，变成了一个高效、清廉的行政机构，而不是和当时其他的帝国官僚机构一样，臃肿、拖沓、靡费，贪污成风。用历史学者洪振快的话来说，赫德治下的中国海关总税务司是"中国历史上唯一不腐败的衙门"。

　　某种程度上说，晚清时期的中国海关税收增加简直是一个奇迹。

　　截至第二次鸦片战争结束以前，清政府对"四夷宾服"的满足感远远大过从贸易中获利的冲动，海关税收一直是形式胜于实质。对清政府来说，海关税收的那点儿钱，相比洋船蜂集、滋生事端乃至引发战争和民心动荡，根本不值一提。乾隆末年，一口通商的粤海关，每年账面收入不过110万两白银。即便在1842年《南京条约》签订之后，中国由单口通商变为五口通商，海关税收的总收入也不过400万两白银左右。

　　赫德的性格谨慎温和，上任之初他就致信各口岸税务司（多为外国人），要他们对中国官员以礼相待，并敦促本国商人服从管理。在注重礼仪和形式的中国官场，赫德这种谦卑的姿态相当让清政府受用。

　　1865年，赫德将海关总税务署从上海迁至北京，从此居住在北京40多年。也正是在北京，赫德主导了对中国海关相对彻底的"西方式改造"。

　　首先，赫德明确海关总税务司的职权。赫德将中国各地海关行政和人事任免权集于总税务司一人，对分海关实行垂直领导，因此其结构简单，决策迅速且责任明确，维护纪律和秩序简洁有力。同时，在总税务司下健全了人事、财务、统计、审计等各项制度，相对于其接手前海关监督"徒具监管之名，向无稽查之责"，彻底整顿了混乱不堪的内外报关手续。

　　其次，赫德创立西方会计制度。1865年以前，中国海关会计账目只有一个笼统的中国传统的四柱清册式总账。在赫德管理下，中国海关高薪聘请高学历的西方专业会计师，将全部收支分为海关经费支出账户A、海关没收和罚款收入账户B、船费和服务设施提成收入账户C，以及所有其他规费收入和开支账户D。A号账目每月结清一次，B、C、D账号每季结清一次，所有海关结余一律存放到海关总税务司指定的银行，没有总税务司的允许，各关税务司不得截留资金。为加强海关财务检查，赫德专设稽查账目税务司，"总管辖海关之会计，并审查各地海关之会计，至少每年到各地巡视一次"。通过这套会计制度的建立以及严格执行，传统中国那种账目不清且关税被私吞的现象得以消除。

再者，赫德建立严格的人事任免和考核制度。1867年赫德拟定《中国海关管理章程》，对关员的遴选和考核制定了完善程序。每一个新人的录用都要通过考试，赫德坚持"不够格的一个也不要，就是总税务司的儿子也不例外"。此外，中国海关还从哈佛、耶鲁、纽约联合学院等顶级大学招募人才；对于贪污舞弊行为的海关人员，一经发现，则会受到立即开除的处分。

最后，赫德建立了新的统计制度。赫德主持总税务司工作以前，中国海关从未编制过系统的贸易广告和统计。赫德上任后开始编印一些规格不一的本关贸易统计，1866年起将此项工作集中于上海进行，1873年又成立贸易造册处，负责印刷各口贸易统计季报和年报，编写贸易总报告。由于赫德的统计工作之细致，这些统计报告成为今天研究晚清时期中国经济贸易最准确、最珍贵的历史资料。

除以上措施外，赫德还保障海关人员的薪俸收入，加强对走私的打击力度，在整个中国海关树立一种稳重健全的风气。在赫德管理下，中国海关摆脱了以往混乱不堪贪污成风的弊端，税收职能得到充分发挥，清政府关税收入逐年增加。

1861年，赫德刚刚代理总税务司之时，中国的海关税收是496万余两白银，赫德代理管理一年之后，1862年海关税收就猛增至787万余两白银，1871年达到1120余万两白银，到1887年则达到2050余万两白银。1894年甲午战争爆发之时，海关税收增至2252万两白银，而当年大清王朝的全部税收收入仅为8103万两白银，海关税收成为大清朝廷的最重要的收入来源之一。

　　在赫德的管理之下，到《辛丑条约》签订后的第二年（1903），清政府的海关收入已达 3053 万两白银；到 1911 年清王朝覆灭之时，海关关税收入已经提高到 4314 万两白银，成为支付庚子赔款的重要保障。

第十一章

《凡尔赛和约》
引发多米诺效应

1918年11月11日，《贡比涅森林停战协定》签订，德国投降，历时4年零3个月的第一次世界大战以协约国的惨胜而告终。次年1月，协约国在法国凡尔赛宫召开会议，商讨向德国等战败国索取赔偿、惩罚条款及限制军事发展事宜，随后签订了《凡尔赛和约》。这次会议是中国五四运动的导火索。这是人类首次通过契约的方式完成对世界大战的处理，其对国际政治、经济格局乃至现代金融的发展，均有不容忽视的影响，唯有从细节上进行追溯，才能获取历史的价值。

最苛刻的和约

1919 年 6 月 28 日，在巴黎的凡尔赛宫，经过长达 6 个月的谈判后，德国在战胜国片面拟定的《协约国和参战各国对德和约》上签字，这就是《凡尔赛和约》，而这一和约的签订也标志着第一次世界大战的正式结束。

在得到当时的国际联盟承认后，《凡尔赛和约》于 1920 年 1 月 10 日正式生效。战胜国当中，中国因巴黎和会对中日青岛问题无法解决，进而爆发五四运动，因此没有签署和约，后与德国另签订和约。美国因其国会表决多数反对《凡尔赛和约》，也未签署和约。

《凡尔赛和约》共分 15 部分，440 条。根据和约规定，德国损失了 13.5%的领土，12.5% 的人口，所有的海外殖民地（包括德属东非、德属西南非、喀麦隆、多哥以及德属新几内亚），16% 的煤产地及半数的钢铁工业。

在疆界划分方面，恢复法国在普法战争前的疆界，原来 1870 年法国割让给德国的阿尔萨斯和洛林归还给法国；北石勒苏益格经过公投回归丹麦；承认波兰独立，把原属波兰的领土归还，并给予波兰海岸线；东上西里西亚予捷克斯洛伐克；割让尤本及萨尔梅迪给比利时；克莱佩达地区给立陶宛；萨尔煤矿区由法国开采 15 年，其行政权由国际联盟代管 15 年，然后由公民投票决定其归属；德国承认奥地利独立并永远不得与它合并；承认卢森堡的独立；归还在山东的权益给中国（后来因为"二十一条"的关系，则转交到日本，这触发了五四运动，中国拒签《凡尔赛和约》，并于 1921 年与德国另签和约）。

在军事方面，德国莱茵河西岸的领土由协约国军队占领 15 年，德国陆军

著名经济学家凯恩斯

被限制在 10 万人以下，且不得拥有坦克或重型火炮等进攻性武器；不得拥有海军，船舰方面只能有 6 艘排水量 1 万吨战列舰，不准拥有潜水艇；不得组织空军；不得进出口武器；不得生产、储存化学武器；废除义务兵役制，士官士兵的役期延长到 12 年、军官 25 年；德国必须承认全部战争责任，承认对协约国平民犯罪；前德皇威廉二世被审判为战争罪首犯，部分德军被审判犯有战争罪，其中一些被判处死刑。

以上都是常规内容，真正要命的是《凡尔赛和约》中对德国提出的赔偿要求。

根据协约国赔偿委员会决定，德国共需赔偿 2260 亿马克（约 113 亿英镑）且以黄金支付，到 1921 年，重新确定赔偿金额为 49.9 亿英镑，即 1320 亿马克——当时 2260 亿金马克相当于黄金 9.6 万吨（当时全世界的黄金也没有这么多），即便后来降低到 1320 亿马克，依然相当于 5 万吨黄金。

这笔带有惩罚性的赔款，从此成了德国人的不能承受之重……

脆弱的妥协

《凡尔赛和约》是在多方妥协的情况下最终敲定的，其中尤以英、法、美三国占据主导地位，三国在诉求上的巨大差异，注定了和约的不稳定性。

三大国之中，最恨德国的是法国。49 年前（1871），普法战争中普鲁士（后来的德国）战胜法国，直接一张口就要了法国人 50 亿法郎的赔款，还要求法国割让铁矿蕴藏丰富的阿尔萨斯和洛林，战败的法国不得不屈辱地答应了所有的条件。在第一次世界大战中，法国付出了巨大代价，500 余万军民伤亡，财产损失无数。

因此法国要求严惩德国，以保证法国永久的安全。不仅要恢复失地，大战结束之后，法国军队迅速占据了阿尔萨斯和洛林，还要彻底肢解德国；索要高达 2090 亿金法郎的赔款，企图在经济上彻底摧毁德国；还要求彻底裁减德国军备，使德国失去东山再起的资本。

显然法国的诉求必然会遭到英、美的反对，是不可能实现的。

英国首相戴维·劳合·乔治认为，一旦法国提出的条件全都得到满足，法国就会成为欧陆的超级强国并破坏欧陆均势，这与英国意图维持一个均衡的欧洲的传统政策相悖。乔治很清醒地认识到，过于苛刻的条件会激起德国强烈的复仇心理，这对争取长期的和平局面不利。另外德国还是英国的第二大贸易伙伴，过分削弱德国的经济同样会使英国经济受损。不过，乔治对美国总统伍德罗·威尔逊提出让德国原有殖民地"民族自决"并不赞同，这一条上英国和法国思路一致，因为他们都拥有庞大的海外殖民地。所以英国的主张可以总结为：保证英国的海上霸权，瓜分德国海外殖民地以加强英国；削弱德国军力至较低水平；德国进行战争赔偿但不可过分以免激起德国的复仇心理；帮助德国重建经济。

相比法国的严惩思路、英国的妥协思路，美国总统威尔逊的思路可谓是"理想主义"。

一战时，美国因远离战场，靠贩卖军火大发横财，战前欠外债55亿美元，战后则成为债权国，输出的资本总额高达103多亿美元，拥有世界黄金储备的1/3。美国不希望在经济上过多地削弱德国，否则德国将无力偿付对英法的赔款，而英法就能以此为借口，拒绝偿付美国的战债，美国经济必然受到严重影响。事后看来，作为最大债权国的美国，确在战争赔付上颇为上心。此外，美国凭借强大的经济实力，还想争夺世界的领导权，重提所谓的"门户开放"政策，以期在世界贸易体系中获得更公平的地位。当然这一诉求亦被英、法所拒绝。

因为由于战胜国谈判目标不一致甚至存在冲突，《凡尔赛和约》的每个决定都是经过了"不愉快的妥协"后才得以达成，难怪著名美国政治家亨利·基辛格称之为"美国式理想主义和欧洲式偏执狂之间的脆弱妥协"。

凯恩斯的预言

经济学家凯恩斯以英国财政部首席代表身份参加了 1919 年召开的巴黎和会，在商讨签订《凡尔赛和约》过程中，他对和约中十分苛刻的经济条款做了深入分析，并预见到其不利后果，为此他写下了名为《和约的经济后果》的一本书。该书出版后广为流传，并有各种文字的译本问世，凯恩斯也因此成为“世界性人物”，奠定了其国际学术地位。

在书中，凯恩斯以翔实的数据论证了德国能够支付的最大赔款数额为 100 亿美元，而赔款委员会 1921 年确定的最终赔款金额却高达 330 亿美元，是德国全部国民收入的两倍多。凯恩斯认为，德国在和约生效 30 年内无法支付高于 20 亿马克的赔款，虽然短时间内德国可以以部分矿产和物资作为赔偿，但从长远来说是要依靠加大出口、实现顺差、取得外汇或黄金来进行赔偿——加大出口直接损害了英法等国的经济利益，所以会受到重重限制，导致赔款无法执行。

凯恩斯还意识到，以巨额赔款和压制德国重建与发展的做法非常危险，它会增加德国人民的仇恨。凯恩斯曾评价《凡尔赛和约》是“迦太基式的和平”，“它是一个残忍的胜利者在文明史上所干出的最凶暴的行为之一”，“我敢大胆地预言，复仇将不会被平息，它会导致保守力量和拼命挣扎的革命力量之间的最终战争，在这场战争面前，最近的德国战争的恐怖就显得不值一提了，而且不论最终的胜利者是谁，这场战争都会摧毁我们这一代的文明和进步”。

凯恩斯不幸而言中，《凡尔赛和约》的不当处置可以说埋下了第二次世界大战的祸根。

从道威斯计划到杨格计划

鉴于德国经济已经陷入崩溃，根据英国提议，协约国赔款委员会于1923年11月增设两个专门委员会，一个研究平衡德国预算和稳定德国金融之方法，一个调查德国资本外流情况并设计引回的方法。两个专门委员会以美国银行家C.G.道威斯为主席，并由法、比、意、英、美5国代表组成的国际专家委员会赴德调查，研究德国赔款问题。1924年4月9日，道威斯拟定一项解决赔款问题的计划，史称"道威斯计划"。

道威斯计划的主要内容是：由协约国监督改组德意志银行，实行货币改革，并由协约国贷款8亿金马克（折合1.9亿美元）以稳定其币值，在赔款总数尚未最后确定的情况下规定德国赔款年度限额，即由第一年（1924—1925）10亿金马克开始逐年增加，到第五年（1928—1929）增至年付25亿金马克；德国支付赔款的财源来自关税、烟酒糖专卖税、铁路收入及工商企业税；发行110亿金马克铁路公债、50亿金马克工业公债；德国的金融外汇、铁路运营以及税捐征收事务受国际监管。德国以法、比两国从鲁尔撤军作为接受赔款计划的条件。

1924年8月16日，计划被双方接受。

道威斯计划的执行，对20世纪20年代后半期德国经济的恢复和发展起了重要作用。1924—1929年德国支付赔款110亿金马克，获得外国各种贷款约210亿金马克。

从1928年开始，全球性的经济危机开始从世界各国显现，而主要通过出口来赚取外汇支付赔偿的德国最早受到打击，德国政府很快就发现自己没有能力支付巨额赔偿，并且告知国际社会德国财政濒临崩溃，无力实行道威斯计划。

为了再次解决德国赔款问题，1929年2月—6月，由英、法、比、意、日、美、德7国代表组成的专家委员会召开会议重新审议德国赔偿问题，美方代表

O.D. 杨格为主席。会议通过主要由杨格起草的报告书，史称"杨格计划"。

杨格计划的主要内容：德国赔款总额确定为 1139.5 亿马克，在 58 年内偿清。取消赔偿委员会及有关国家对德国国民经济与财政的一切形式的监督。成立国际清算银行，管理有关德国赔偿的金融业务。

杨格计划于 1930 年 9 月生效，计划的执行在很大程度上减少了德国的赔款负担，通过国际清算银行的业务活动，也扩大了外国资本，特别是美国资本对德国经济的渗透。然而，到了 1931 年，由于经济危机的深化，德国总统兴登堡再度声明无力支付赔款。

德国政府和民众已经被巨额赔款这个常悬于头顶的达摩克利斯之剑折磨得失去耐心了。

几点启示

《凡尔赛和约》把所有罪责都加在德国之上，大肆宰割德国。与此同时，背负种种战败耻辱的德国人反而空前团结，集聚了巨大精神力量，而美国的贷款又适时浇灌了其本就异常强大的工业体系，孕育了德国复兴所需的军事潜力。富有军国主义传统的德国，对这一和约怀有彻骨的仇恨，从其战后的国家发展路径来看，可知德国从来就没有打算认真执行《凡尔赛和约》，伴随着自身力量的增长和协约国内部矛盾的激化，撕毁和约是不可避免的结局。1933 年，希特勒上台后第一次对军官讲话，就叫嚣："为反对凡尔赛体系而战！"随后，更为惨烈的第二次世界大战爆发。回顾《凡尔赛和约》的签订及最终结局，可知战争赔款问题异常凶险，对于这个问题，我们还应重视以下几点：

首先，赔款需建立在经济发展的基础上才能实现。战债问题的解决应考虑当事国的偿债能力，宜缓不宜急，尤其不能采取杀鸡取卵的方式。所求一旦超过战败国的经济承受范围，必然导致其崩溃，进而殃及自己。国际关系的共生性决定了，战债问题的解决必须要在共赢的条件下考量。二战后，美国吸取了一战战债的经验和教训，通过马歇尔计划先输血再放血，通过租借法案取代部分战争贷款，避免了又一次的战债危机。值得一提的是，二战战胜国在清算德国的时候，发现其一战的战争赔款还没有赔完，就让德国接着赔，又赔付了许多年，后来德国已经非常富有，但是每年还是不得不赔付，这可以理解为一种羞辱。

其次，美国通过清偿战争债务真正取代英国的大国地位。战债问题还有一个关键点，就是债务的偿还必须使用外汇。以英国为例，为了偿还美国的债务，必须加大对美国的出口以换取美元。当时美国国内本就生产能力过剩，不愿进口大量商品，采取了高关税的政策，逼迫英国接受其他国家用美元购买本国产品。这就等于用英国商品的信誉为美元的信用做担保，提升了美元的国际地位。至此，战债问题已经演变成了金融霸权之争。英国因为自身实力的削弱，最终输掉了这场金融之争。美国通过道威斯计划、杨格计划的实施，在美国和欧洲之间形成了巨大的美元资本流动，使美元扮演了国际货币的角色。再将美元与其丰厚的黄金储备相结合，重建了国际金融体系——布雷顿森林体系，正式接过了英国的金融权杖。

从另一个方面来说，战债问题也是经济全球化的催化剂，加强了世界各国，特别是欧洲与美国之间的经济依赖关系，促使美国从一个工业大国逐渐转变为一个资本输出大国——1929年美国的经济危机爆发之后，之所以迅速波及全球，正是因为美国输出资本、欧洲各国出口商品的全球一体化的格局已经初步形成。

最后，国际清算银行转型成功。作为杨格计划的副产品，国际清算银行成立于1930年，最初的使命是划转战后国家间战争赔款及维护以金本位为基础的国际货币体系。1931年，由于美国大萧条蔓延至欧洲，在国际清算银行的主持下，成功实现了德国战争赔款的延期支付。随着金本位的崩溃、战债问题的弱化，国际清算银行逐渐成为全球央行间最重要的政策交流和协作俱乐部。1974 年国际清算银行成立银行监管委员会——巴塞尔银行监管委员会，以促进国际标准的制定与执行，从此逐渐演变成了国际金融标准中枢，在国际金融体系中扮演越来越重要的角色。

第十二章

红色政权与金融

由于中国特殊的国情，金融这一重要的工具一度被赋予了太多特殊的含义，严密的金融监管体制，让金融行业难以发挥本应有的作用。回顾红色政权的建立过程，金融其实并未缺位，在革命的每个阶段，金融对革命目标的实现均有特殊的贡献。如今我们重新梳理红色金融史，对认清金融作用以及未来的金融改革方向都有助益。

农民运动与农民信用社

据有关史料，中国共产党参与领导的农民运动始于 1921 年的浙江，共产党员沈定一在浙江省萧山县衙前村领导当地农民建立了农民协会，并发表了农民协会的章程和宣言。同年 12 月下旬，协会被迫解散。1924 年 1 月，国共两党合作，国民党的第一次全国代表大会确定了联俄、联共、扶助农工三大政策，沈定一当选为国民党中央执委会候补执委，中央组织部及农民部部长也均有共产党人担任，于是衙前农民协会得以重建，衙前信用社也随之成立。

衙前信用社的成立目的，主要是为了抵制土豪劣绅的高利贷盘剥，而成立信用社的难点在于筹集基金。沈定一等人提议农民从迷信浪费方面节约一元钱，存进信用社作为借贷资金，从而建立农民信用合作社，以帮助贫苦农民解决钱米等借贷问题。

因为贴近农民实际，衙前信用社一开始就收到基金 200 多银圆，随放款业务的开展，农民信用社的优越性逐渐显现，入股社员陆续增加到 540 户。信用社除吸收社员股金外，还开辟了两条资金渠道：一是由沈定一等人发起没收祠堂庙宇的财产；二是向浙江大学所属的劳农学院无息借款 500 银圆，到期后又向浙江农业银行筹备处申请了一笔低息贷款。到 1929 年，衙前信用社已有各种借入资金 6490 银圆，放款总额 6820 银圆，贷款主要用于解决农民的生产资金问题。

1928 年国共合作破裂，沈定一被刺身亡，衙前信用社开始贷款只收不放，股金逐渐清退，借入款也分批还清，信用社逐渐停止运作，1935 年被国民政府浙江省建设厅下令解散。

在国共合作破裂之前，农民协会的金融实践还有很多，譬如柴山洲特别区第一、第二农民银行，浏东平民银行等。这一时期的金融政策倡导建立农民银行；提倡用农民自己组织的金融机构发行的货币进行商品交易和纳税；实行低利率借贷，利率一般不高于5%，切实解决农民的经济困难；没收土豪劣绅的财产作为开办农民银行的抵押财产。

打土豪分田地与苏维埃银行

1927年4月12日，国共合作破裂，内战开始。共产党确定了实行土地革命和武装反抗国民党的总方针，发动了秋收起义、广州起义，建立了井冈山、湘鄂西、海陆丰等根据地。自此，与国民党政权相对峙的苏维埃红色政权建立了。

红色政权一经建立，立即被国民党政权进行军事围剿和经济封锁，军民的日用必需品和现金的短缺都成了极大的问题。与此同时，中国广大农村的金融业务几乎处于空白状态，人们只有靠借高利贷和典当物品来周转资金，高利贷资本十分猖獗。

这一阶段共产党的目标就是吸引更多的农民参加革命，反对高利贷和减租减息就成了最直接的口号和最有力的动员令。在这一背景下，红色的金融机构纷纷创建。

早在农民信用社建立之前的1922年，毛泽东的胞弟毛泽民就在安源建立了中国第一个工人消费合作社，当时募集工人资金7800元，并发行了1.8万元的合作社购物券在工人中流通——这就是后来遍布中国的消费合作社（供销社）的雏形。不过，相比农民信用社，合作社虽然具有一定的信用功能，但更多的算是商业机构。1928年10月，井冈山革命根据地开始铸造"工"字银圆，这是红色政权最早发行的货币。在发行银圆的同时，根据地利用打土豪所获得的 4000 银圆，在原有的消费合作社的基础上，集资创办了"东固平民银行"。到 1929 年，东固银行的资金已经扩大到 8000 银圆，于是便发行了 2 万元的纸币，广泛开展储蓄和贷款业务。

当江西省苏维埃政府（1930）成立之后，在东固平民银行的基础上成立了江西工农银行，利用缴获的国民党吉安临时辅助纸币券，改造成江西工农银行暂借发行券投放市场，筹集到了 200 万元经费支援红军第一次反"围剿"。

几乎在江西省苏维埃政府成立银行、发行纸币的同时，海陆丰根据地的劳动银行、闽西蛟洋革命根据地的农民银行、闽西革命根据地的工农银行等红色银行也都先后成立并发行了自己的纸币。

1931 年，江西瑞金的革命根据地粉碎国民党的三次"围剿"后，形成了一个横跨江西、福建两省的中央革命根据地。1932 年 3 月，由江西工农银行和闽西工农银行合并成的中华苏维埃国家银行正式在瑞金叶坪成立，因为在商业方面的丰富经验，毛泽民当仁不让地成了中共第一任中央银行行长。成立后，中央苏区银行相继发行了 5 分、1 角、2 角、5 角和 1 元 5 种面值的银圆券（可以兑换成银圆）。

在履行货币发行和流通管理职能的同时，中华苏维埃国家银行还兼行现代商业银行之职，积极开展吸收存款和发放贷款等信贷业务，接收中央财政部的全部库存现金作为国家银行的往来存款，同时开办党政军各机关和国家企业在银行的往来存款户，大力吸收群众存款，开办储蓄存款和贷款业务。当时，中华苏维埃国家银行的贷款发放对象范围比较广泛，包括了中央苏区农业、工业、粮食调剂、合作社、对外贸易等。除以上功能外，国家银行还受政府委托，代理政府发行公债和代理国库出纳等事宜。

中华苏维埃国家银行的成立，代表着中共政权从此有了自己的国家银行，他们不仅仅是暴力地打土豪分田地，更不是简单地减租减息，而且学会了自己制造货币，自己建立一套独立的金融制度。他们懂得拿土豪的田地做抵押，发放内部贷款，形成一套行之有效的金融流转体系，从而获取了金融流通中的巨额利润，并以这些巨额利润来支撑自己的政权。

除以上提到的银行和纸币外，当时其他的革命根据地很多也都发行了自己的纸币，共计有 260 多种根据地货币，流通于全国的 11 个省、300 多个县。

抗日战争期间的货币战争

由于中央革命根据地在随后的反"围剿"战争中失败，中华苏维埃国家银行不得不在 1934 年 10 月随红军长征。到达陕北之后，1935 年 11 月，中华苏维埃国家银行与西北革命根据地的陕北苏维埃银行合并，变为中华苏维埃共和国银行西北分行，并在 1936 年发行了纸币和布币。

1937 年 9 月，国民党通讯社公开发表《中国共产党为公布国共合作宣言》，标志着中国历史上的第二次国共合作正式开始。1937 年 10 月，中华苏维埃人民共和国中央政府西北办事处改称为"陕甘宁边区政府"，"中华苏维埃国家银行西北分行"改称为"陕甘宁边区银行"。陕甘宁边区银行的资本金为 10 万元，总行设在延安，在绥德、三边、陇东、关中设立分行，这是中国共产党抗日根据地第一家自己的银行。

随着国共合作的深入，红军改编为八路军和新四军，根据国共合作协议，边区不建立银行、不发行货币。因此，从 1938 年开始，陕甘宁边区银行只能以延安光华商店的名义发行辅币。

在抗日民族统一战线的旗帜之下，陕甘宁边区银行仍坚持独立自主的货币金融工作方针，先后发行光华商店代价券、陕甘宁边区银行币和陕甘宁边区贸易公司商业流通券，维护了革命根据地货币市场的稳定与统一。

与此同时，遵照"发展经济，保障供给"的财经工作总方针，陕甘宁边区银行制定了一系列具体的金融工作政策和措施，大力发展存款、汇兑业务，积极发放生产和贸易贷款，在促进边区工农业生产发展和繁荣商业贸易、帮助解决财政困难、支援革命战争等方面，均做出了重大贡献。

1940 年"皖南事变"后，国民政府停发八路军和新四军军饷，并对根据地实施经济封锁，陕甘宁边区银行重新启动，再度开始发行陕甘宁边区银行币。

抗日战争期间，八路军、新四军先后创建了多个抗日根据地，这些根据地也大都先后建立了自己的银行，发行了自己的货币，这些货币被统称为"抗币"或"边币"。根据有关统计，在抗日战争期间边区政府所发行的"抗币"和"边币"达 700 多种。

抗日战争期间，不仅各抗日根据地存在着自己的纸币，市场上还广泛存在其他各种类型的纸币，如当地的各种土杂钞、各地方省钞、各种敌伪钞和法币等。抗日根据地货币斗争的主要目的在于争夺物资、稳定物价，根据地纸币最主要的竞争对象是国民政府的法币、后来华北地区伪中国联合准备银行发行的"联银券"、南京伪中央储备银行发行的"中储券"（伪法币）、伪蒙疆银行发行的"蒙疆券"四种纸币。

由此，在 14 年抗日战争期间，一直存在着从未间断的"货币战争"。

在抗战初期至太平洋战争爆发之前，货币斗争的重点是驱逐敌伪钞和肃清土杂钞以及各地方省钞的斗争，对国民政府的法币则通常采取保护政策，多数根据地和敌占区均流通法币。然而，由于国民党在大量发行法币的同时，对法币的买卖未加限制，以致外汇市场投机猖獗，抗战开始后，日寇多次以伪"联银券"和伪"华兴券"收购法币，再以法币套购英镑和美元。尽管国民政府采取了一些应对措施，但总体效果不佳，相反黑市猖獗，法币币值不断下跌。

太平洋战争爆发后，由于日寇不能再以法币套购美元和英镑，转而将法币投入根据地来掠夺物资，因此各抗日根据地对法币便由原来的维护和平行流通，改为停止流通和驱逐政策。1942年初，中共中央发出了《中共中央财政经济部关于法币贬值各根据地应采取的对策的指示》，分析了太平洋战争爆发后，法币将会严重贬值，敌伪可能以法币大量套购根据地物资等金融态势，要求华北各根据地停止使用法币，华中各根据地尽快成立银行发行货币，减少经济损失。

总体来看，华北地区的货币斗争成效较为突出，为了抵制日寇向根据地倾销日货、吸收法币的经济进攻，晋察冀边区即停止了法币流通，禁止携带法币出境，从而肃清了法币对边区的影响；1942年，晋冀鲁豫边区也在中共中央对法币问题发出指示以后，对法币实行彻底排除政策；不过，在平原地区，直到1943年才把法币排挤出去；晋绥边区在1942年以前驱逐了伪钞之后，经济力量和行政手段相结合，强行禁用并肃清了法币。

在华中地区的各个根据地，由于抗日政权不够稳固且金融制度建设滞后，抗战前期以流通法币为主。1940年伪中央储备银行成立后，"中储券"开始发行，华中各根据地的抗币与"中储券"的斗争开始，直到汪伪政权垮台后，抗币对伪"中储券"的斗争才算胜利。

抗日根据地在这场"货币战争"中使用的主要策略包括如下几种：

（1）掌控战略性物资

食盐是陕甘宁边区重要的外贸商品，自古就畅销于西北一带。食盐在边区政府的财政收入中占据重要地位，仅次于公粮收入。陕甘宁边区政府对食盐实行专卖和统销政策，严格管制盐价，加强反走私斗争，将食盐输出根据地之外的国民政府统治区，取得法币，换取相应的物资，从而为维护边币的价值准备创造了条件。在抗日战争中后期，山东根据地将货币发行额的一半以上用于工商资金，掌握食盐和花生油等主要物资，调剂市场供求，从而确保了市场物价的平稳和山东北海银行券币值的稳定。

（2）重视对敌占区的贸易

陕甘宁边区绝大部分日用品如棉花、布匹、医药等都需要由周边国统区输入。边区维持边币币值的做法是将法币大量兑出，将边币大量收回。陕甘宁边区通过货币交换所将法币借给商户，商户去外地购进物资后在本地销售取得边币，货币交换所再从商户手中收回边币。货币交换所通过贸易获取物资、维持边区金融稳定的同时，使边区减少了巨额汇兑损失。

（3）发放贷款，发展边区经济

1938年9月召开的中共六届六中全会上，毛泽东提出通过办理低利借贷发展生产。面对日伪的经济封锁，陕甘宁边区银行发放了大量贷款，支持大生产运动，取得了较好的经济效益。同理，1942—1943年晋冀鲁豫边区发生了大灾荒，边区政府通过发放贷款，组织生产救灾，使冀南币发行获得了足够的物质保障和信用基础，成为根据地货币中币值最高、信用最高的货币，为人民币的诞生奠定了前期基础。

人民银行与改革

抗日战争胜利后，国共两党就国内重大政治、经济、军事问题进行协商，先后达成了《双十协定》、政治协商会议等共识。然而，1946年6月，国共内战爆发，此后中国进入解放战争时期，许多原有的抗日根据地变成了解放区。

解放战争期间，原来的解放区银行继续各自发放各自的货币，新的解放区也纷纷成立地方银行，发行自己的解放区货币。随着解放战争的迅速推进，这么多银行发行的各种各样的纸币都只能在区域内进行流通，这对于全国解放战争一盘棋的战略十分不利。根据形势需要，人民政权不断推进银行合并，逐渐把解放区货币统一到几个大的货币中来。1947年7月，在华北财经办事处主任董必武的提议下，中共开始考虑组建中央银行，制定统一解放区货币的措施。

关于中央银行的名字，当时很多人建议用"联合银行""解放银行"等，但晋察冀边区银行的副总经理何松亭建议采用"中国人民银行"以体现人民特色。1947 年 10 月，中央批准未来的中央银行采用"中国人民银行"这一名称。

1948 年 12 月 1 日，经中央批准，以华北银行、北海银行和西北农民银行为基础，合并成立了中国人民银行，总行设在河北省石家庄市，发行在全国解放区流通的"中国人民银行券"——为区别于以往的地方货币，这种货币最初被称为"新币""人民券""中国人民银行券"等，直到 1949 年 6 月，才被正式定名为"人民币"。

值得强调的是，大革命时期、抗日战争时期和解放战争时期，处理金融问题十分聪明有效的中共政权，在夺取了全国政权之后，在金融制度发展上却偃旗息鼓，更多照搬苏联的计划财政体系，将原本更为发达的中国本土银行工具和生态压抑窒息。原因就在于中共夺取政权前后经济所有制基础发生变动，在一个几乎所有经济要素都被统一管制的经济体中，金融已基本丧失了其对经济的指导、调节和促进功能。

1979 年 10 月，经济体制改革启动，邓小平提出"要把银行办成真正的银行"，至此才开始了有计划、有步骤地进行金融体制改革新时期。1983 年，国务院发布《关于中国人民银行专门行使中央银行职能的决定》，规定中国人民银行不再办理工商信贷和储蓄业务，次年 1 月 1 日工商银行成立，开始承担储蓄和工商信贷等商业银行的业务，基本实现了"政企分开"。

随后，发展多元化的银行和非银行的金融机构，四大国有银行的格局开始形成，各种类型的商业银行开始出现，信托投资公司、城市信用合作机构、保险公司、金融租赁公司等开始运营。1992 年，随着上海证券交易所、深圳证券交易所的相继建成，中国人民银行剥离监管证券市场业务，移交给新成立的中国证监会。1997 年，中国人民银行剥离保险业务的监管权，移交给中国保险监督管理委员会。2003 年 4 月，中国银行业监督管理委员会成立，人民银行对银行业金融机构的监管职能独立出来，最终形成了"一行三会"的金融监管框架，至此人民银行专注于维持金融稳定、执行货币政策以及人民币国际化发展方面的工作，而中国金融体系的市场化改革才算告一段落。

| 第十三章 |

美联储与大萧条

　　1907年美国爆发金融危机，紧急关头，J.P.摩根挺身而出，凭借巨大的个人影响力力挽狂澜。事后，美国政府意识到倚靠某个人的能力解决危机的方式具有太大的不确定性，有必要成立中央银行以履行稳定金融市场的职能。1913年，在奥尔德里奇等人的推动和规划之下，美联储成立。1929年，美国爆发了大萧条，美联储也迎来了第一次"大考"，不幸的是，考试并不及格，大萧条肆虐了10余年，甚至间接诱发了第二次世界大战，使美国乃至全球遭受了极大的经济和政治灾难。"大萧条"成了学界的热门话题，对于其经验和教训一直是众说纷纭，关于美联储存在的必要性的争论更是延续至今。

背景

第一次世界大战之后，欧洲强国饱受战争所带来的经济衰退的困扰，而且还要致力于战后重建并恢复因战争而造成的劳动力消减。相比之下，美国本土根本没有经历战争，而且通过在战争中大量出售物资，黄金和财富开始大量流入美国，再加上科技进步和标准化的大规模工业生产，耐用消费品价格不断下跌，由此促生了"咆哮的 20 年代"。

例如，由于价格大幅度下跌，无线电收音机成为有史以来第一种广播式的大众传媒手段，人们能够买得起收音机，节目也日趋娱乐化；收音机还逐渐成为产品推广的重要媒介，而看电影也成为人们娱乐的重要手段；战前的汽车还是一种顶级奢侈品，到了 20 世纪 20 年代，廉价的批量造汽车已经风靡美国大地，汽车工业快速成长为首屈一指的大产业，如加油站、汽车旅馆和石油业等周边产业也被拉动起来。

科技的日新月异也促进了对新基础设施的热烈需求。汽车业的大发展使得公路的扩建与翻修，主干公路和收费高速公路里程不断刷新纪录；战争中发展滞后的电力设施在 20 世纪 20 年代得到突飞猛进的发展，电网规模不断扩大，大部分工业开始使用电力替代一次能源，新电厂的建设有如雨后春笋；电话线终于横贯北美大陆，成为人们快速沟通的主要手段；室内下水管道开始铺入寻常人家，现代污水处理系统也得到初步确立。

因为财富和机会似乎面向美国人敞开了大门，整个美国社会对新技术和新生活方式趋之若鹜，"炫耀性消费"成为时代潮流，商家们发明了"分期付款"

的赊销消费，竭力推动消费品市场的膨胀，小汽车、收音机、家具、家庭电气用具等耐用消费品销售不断创出新高。

1929 年 10 月 24 日，在历经 10 年的大牛市之后，美国的证券市场突然暴跌，股票一夜之间从顶巅跌入深渊。在接下来的 10 月 28 日和 29 日，股票价格又连续两次暴跌，一周之内美国人在证券市场失去的财富高达 100 亿美元。再接下来，从 10 月 29 日到 11 月 13 日，短短的两个星期内，证券市场再度有 300 亿美元的财富蒸发……

400 亿美元在当时是个什么概念呢？当时就相当于美国在第一次世界大战的开支总和。

1929 年美国整个联邦政府财政总收入为 38.62 亿美元，全国当年消费支出为 774 亿美元——对比之下，400 亿美元相当于今日的 10 万亿美元！

金融市场的暴跌还远远没有停止，在接下来短短 2 年多时间里，美国的股指从 363 点的最高点跌至 1932 年 7 月 41 点。

随着股市的崩溃，金融系统开始出现疯狂的挤兑，接下来，银行倒闭、工厂关门、工人失业、贫困来临。从 1929 年到 1933 年，有 5000 家银行倒闭，至少 13 万家企业倒闭，汽车工业下降了 95%。从 1929 年第四季到 1933 年第一季，连续出现了 14 个季度的经济负增长，累计负增长为 -68.56%，工业总产量和国民收入暴跌将近一半，经济水平倒退了 10 年。

在失业率方面，股市崩溃的 1929 年，美国失业率为 2.5%，之后失业率迅速上升，到 1933 年达到创纪录的 25%。据 1932 年 9 月《幸福》杂志估计，美国有 3400 万成年男女和儿童，约占全国总人口 28% 的人无法维持生计（1100 万户农村人口未计在内），流浪人口达 200 万，仅纽约一地 1931 年一年中记录在案的倒毙街头的案件就有 2000 余起。

过程

大萧条期间，一方面生产过剩，消费紧缩，导致商品积压；另一方面普通人却缺衣少食，生活日益贫困。为了维持农产品的价格，农业资本家和大农场主大量销毁"过剩"产品，用小麦和玉米代替煤炭做燃料，把牛奶倒进河海。由于人们普遍对未来缺乏信心，导致社会道德进一步沦丧，盗窃、斗殴、凶杀案件层出不穷。

不仅如此，因为美国是当时主要的贷款提供国，经济危机迅速向全世界扩散，从德国、英国、法国到奥地利、西班牙等欧洲强国纷纷被危机横扫，亚洲工业国日本也未能幸免，全世界国际贸易从 1929 年的 686 亿美元下降到 1930 年的 556 亿美元、1931 年的 397 亿美元、1932 年的 269 亿美元和 1933 年的 242 亿美元。

经济危机很快引起了深刻的货币信用危机，奥地利、德国和英国都发生了银行挤兑风潮，大批银行因之破产倒闭。1931 年 7 月，德国政府宣布停止偿付外债，实行严格外汇管制，禁止黄金交易和黄金输出，这标志着德国的金汇兑本位制从此结束。

随后，欧洲大陆国家的银行大批倒闭，使各国在短短两个月内就从伦敦提走了将近半数的黄金存款，在此情况下，1931 年 9 月英国政府不得不宣布英镑贬值，并最终被迫放弃了金本位制。因为当时全世界的货币体系主要是以英镑的金本位制度为核心，在英国放弃英镑和黄金的可兑换性之后，包括法国、印度、埃及、爱尔兰、挪威、瑞典、丹麦、芬兰、加拿大等在内的国家也纷纷放弃金本位制度——原来统一的整个世界货币体系崩溃了。

各国货币体系的混乱进而导致经济运行的混乱，各经济都深陷危机之中，德国、西班牙和意大利先后发生了纳粹政权上台的政治变革，第二次世界大战的种子就此埋下。

大萧条爆发初期，大家都盯着 1913 年成立的美联储——因为，当初主张成立美联储的金融家们说，成立美联储这样的中央银行，就是为了避免 1907 年的银行业危机重演。

根据美联储成立的缘由陈述，新成立的联邦储备系统将成为美国银行业的守护天使，它的背后是美国财政部的崇高威望、无上权力和无数资源。与原来分散的国民银行体系相比，现在的联邦储备系统有能力在经济衰退时通过扩大货币供应数量，从而避免银行业危机和货币紧缩，从而减缓和避免美国经济陷入整体衰退。

遗憾的是，美联储没有通过 1929 年经济危机爆发的"大考"。

在联邦储备系统成立之前，国民银行需要维持 20% 活期存款总额的黄金作为准备金，因此他们可以以 5 : 1 的比例进行信贷扩张，在联邦储备系统成立之后，最低准备金率被降低到了 10%，现在银行可以以 10 : 1 的比例扩张信贷，货币供应量由此得以增加了一倍。美国所谓"咆哮的 20 年代"（1920—1929）经济无比繁荣的原因，一部分程度上可以归因为美联储的货币扩张政策。无比繁荣的市场背后是美联储无比宽松的货币扩张政策，而不断增加的货币供应更是使得美国股市投机极为盛行。

不管战争中还是战争之后，美国都承接了大量来自欧洲的黄金，以这些黄金为基础，美联储可以以黄金增加量 10 倍的规模扩大联邦储备银行券（美元）的发行量，超量的货币供应是美国经济在 20 世纪 20 年代能够"咆哮"的重要因素。

现在，经济危机爆发了，正是美联储该大显身手的时刻了！

最开始的时候，美联储认为是自己 1928 年到 1929 年秋天之前不断提高股市投机者的资金成本而引发股市下跌，所以在 1929 年 11 月 1 日，在危机刚刚爆发之际，美联储就当机立断下调利率，将原先维持在 6% 的窗口贴现利率直接调降了 1 个百分点。随后几年里，美联储继续大刀阔斧的减息，窗口利率甚至在 1931 年 5 月达到了 1% 的纪录低位，并一直维持到 1931 年 10 月。

然而，金本位之下的美联储无法再通过降低利率来给市场供应更多货币了，甚至不得需要通过加息来回收货币——因为，英国在 1931 年废除了金本位，全球投资者担心美国很快也会像英国那样违约，因此在美国黄金兑换窗口尚未关闭时，疯狂用美元兑换黄金，美联储必须通过升息来遏制由英国废除金本位所引起的黄金外流。

为了保持美国的金本位制度，在 1931 年 9—10 月份美国银行业出现大范围的破产问题时，美联储决定不去理会银行系统困难，没有进一步扩张信贷系统，而是将重点放在阻止黄金储备减少和保护美元上——这成为后来的货币主义学派解释大萧条会如此严重的原因。货币主义者还进一步认为，1932 年的时候，美联储认为名义利率已经很低，并未放松货币政策，由此导致了萧条程度的进一步加重。

争论

对于大萧条为何会变得如此严重，历来有三种观点。

以诺贝尔经济学奖获得者弗里德曼为首的货币主义者认为，大萧条本来不会如此严重，因为大萧条爆发的根本原因就是经济体中缺钱，只要印刷足够多的纸币注入经济体之中，萧条就不会如此严重。到了 20 世纪 70 年代，美联储最后接受了货币主义者的观点，向货币主义的宗师弗里德曼道歉说确实是他们错了。也正是基于货币主义者的观点，美联储在 2008 年的全球金融危机中，通过"量化宽松"等非常规的货币扩张手段，直接向经济体中注入大量基础货币，以求避免经济体的紧缩和银行业信用危机的产生。

吊诡的是，尽管凯恩斯主义与货币主义一直是死对头，但他们在解释大萧条为何如此严重的思路上却有异曲同工之妙。凯恩斯主义者认为，整个的大萧条是美联储没有继续刺激和鼓励经济需求所致，因为需求不足以后供给不上就会产生产业危机——按照凯恩斯主义者的说法，大萧条的爆发纯粹是因为消费不足，在社会的消费需求不能够满足经济正常运行的条件下，政府应该"替代"民众花钱，扩大政府财政开支。因为这一观点契合政府权力扩张的天然冲动，这一理论在后来的全世界都得到了执行，罗斯福就是通过执行这一政策，短期内解决了美国普遍的失业问题。

对于历史学家来说，大萧条的延伸只不过是金本位时代的终结而已，代表了古典的金银货币终于走到了历史的尽头。人类资本主义生产所导致的经济危机的深度和广度都达到了原有世界货币无法调节的地步，信用纸币必须在全世界范围内进入历史并开始扮演它们的角色，中央银行必须作为金融体系的核心而非普通一员而存在。

奥地利学派经济学家的观点更类似于货币主义学派，但他们更关注于货币在经济体系中的基础作用。他们认为危机之所以会爆发正是源于美联储的货币扩张，按照他们对于大萧条的解释，如果以后要避免类似的经济大萧条产生，最好的办法就是废除中央银行，恢复到金本位制度。事实上，在大萧条发生之前，美国没有中央银行，对于每一次的经济衰退和银行危机，政府也一直奉行不干预的"自由清偿"原则，即便发生经济衰退（或"危机""恐慌"），一般来说一两年时间就可以恢复。但有了美联储之后，美国的这场经济萧条的持续时间却长达20年（第二次世界大战之后），而且不得不废除了能够基本保证物价基稳定的金本位制度，这不能不说是一个巨大的讽刺。

货币主义学派创始人弗里德曼在其代表作《美国货币史》中，对大萧条时期的经济分析占其全部篇幅的一半；奥地利学派的罗斯巴德，曾专门著有《美国大萧条》，以解释大萧条与美联储的关系；连美联储前主席伯南克也著有《大萧条》一书，对大萧条产生的原因、结果等进行了深入的讨论；彼得·特朗则认为大萧条是第一次世界大战冲击迟到的结果，而当时的金本位制妨碍了各国独立的货币政策，导致萧条蔓延到整个世界。

关于大萧条的原因及讨论从 1929 年迄今从来没有停止，难怪保罗·克鲁格曼曾经不无感慨地说："理解大萧条是现代宏观经济学的圣杯。"

不管怎样，从美联储建立的初衷来看，最后大萧条发生了，而且还持续了那么久，反过来证明了美联储的失败。

量化宽松与 4 万亿

2008 年 9 月份金融危机爆发之后半年，美联储主席伯南克宣布了美联储的"量化宽松"计划——所谓"量化宽松"（Quantitative Easing），主要是指中央银行在实行零利率或近似零利率政策后利率政策失灵，只能通过购买国债等中长期债券，为市场上增加基础货币供给，向市场注入大量流动性资金以鼓励开支和借贷。

最简单的形容，就是央行印钞票到市场上买债券。

在信用货币时代，在中央银行规定的某个利率下，大家都从央行来借钱，由于不必受到商品数量的限制，只要不存在纸张或者油墨不足的情况——钱嘛，对于借贷者来说，只要你愿意接受约定的贷款利息，可谓是能借多少借多少，而对于中央银行来说，则是"我的地盘我做主，想要多少有多少"。

然而，金融危机爆发以来，美联储把基准利率已经降低到 0%—0.25% 这样一个人类历史上不曾出现过的低水平，可是经济依然深陷通缩旋涡，市场依然处于近似冰冻状态，那就只有采用所谓的"非常规货币措施"了——可以说，要不是遇到"0"这个讨厌的利率极限，本来美联储可以把利率一直降下去的。换句话说，直接印钞票，美联储也是情非得已。

从 2008 年 10 月份开始，美联储先后通过 3 轮量化宽松向市场注入资金近 3 万亿美元（2008 年 9 月底美联储基础货币供应量为 9051 亿美元，到 2014 年

9 月底其基础货币供应量为 4.05 万亿美元），主要用于购买国债以及两房债券等，向金融市场注入海量资金，从而有效避免了金融市场的雪崩式下跌。

在金融危机爆发之后，为了应对经济下滑和资产价格暴跌，中国政府于 2008 年 11 月推出了扩大内需、促进经济平稳较快增长的 10 项措施——根据初步匡算，实施这 10 大措施到 2010 年底约需投资 4 万亿元，这被称为中国政府的"4 万亿计划"。

"4 万亿计划"的投资领域主要包括如下 10 类：一是保障性安居工程；二是农村基础设施建设；三是铁路、公路和机场等重大基础设施建设；四是医疗卫生、文化教育事业发展；五是生态环境建设；六是自主创新和结构调整，支持高技术产业化建设和产业技术进步，支持服务业发展；七是地震灾区灾后重建各项工作；八是提高城乡居民收入和补助标准；九是在全国所有地区、所有行业全面实施增值税转型改革；十是加大金融对经济增长的支持力度。

对比美联储的"量化宽松"和中国政府的"4 万亿计划"，我们会发现很多的异同点。

美联储的"量化宽松"由相对独立的中央银行通过购买债券的方式向金融市场注入资金，着眼于整个社会的信用体系重建和恢复，在此基础上对经济起到"刮骨疗毒"的作用，是一种相对公平有效的方式。除了金融利益团体，其他各社会利益团体也都从中得以受益。

中国的"4 万亿计划"是由政府主导的扩大投资，虽然表面上看起来并没有脱离常规的"降低利率印钞票"的方式（当年中国的广义货币量猛增 13 万亿元，增速达到了 1994 年以来的最高峰 27.6%），但由于这种投资计划的主导权掌握在各级政府手中，由此造成了只有与政府关系密切的企业和权贵阶层才能够真正得到这些资金并从中获益，由此造成了巨大的社会不公，拉大了整个社会贫富差距，而且为那些手握投资权力的政府官员腐败和官商勾结打开了更多的方便之门。

第十四章

民国金圆券改革的失败

在抗日战争期间，货币滥发，国民政府法币系统信誉受到损害。抗战胜利之后国民政府内部即开始酝酿币制改革，挽救法币的信用。根据1946年年初的统计，当时国民政府的中央银行拥有500多万两黄金、9亿美元的外汇，还有美国偿还国民政府的驻军费14亿美元，改革币制挽救民心、取信于民还是完全有机会的。然而，国共和谈的失败及随后战争的爆发，打碎了国民政府货币改革的愿景。

法币的崩溃

1945 年 8 月，日本向包括中国在内的同盟国无条件投降，抗日战争胜利结束。

抗日战争胜利之后，当时社会各界即敦促国民党政府尽快召开因为抗日战争而被拖延了 14 年之久的制宪国民大会。由于此时的中国共产党已经是巨大的军事实体，因此各界希望执政的中国国民党与中国共产党能够通过谈判完成《中华民国宪法》的制定。

由于国共双方分歧过大，国民党政府在 1946 年底决定单方面召开制宪大会，并在 1947 年 1 月 1 日公布了《中华民国宪法》，在其 107 条特意强调"币制及国家银行"将"由中央立法并执行之"。

然而，由于接下来国共内战的爆发，打乱了国民政府开展货币改革的步骤。

从 1947 年秋季开始，随着共产党军队逐步从防守转为反攻，国民政府在军事上连连失败，损失惨重，统治区日益缩小，财政上收入不及战争支出的 1/10，国内、国外负债累累，信用全失，举债无门，只有靠印刷法币来弥补差额，从而造成恶性通货膨胀，到了农村凋敝不堪、工商业濒临破产的地步，整个社会民怨沸腾，南京国民政府处于四面楚歌之中。

1945 年 8 月，法币发行额为 5569 亿元。

1946 年 1 月，1.15 万亿元；8 月，2.38 万亿元。

1947 年 2 月，4.8 万亿元；8 月，13.7 万亿元；12 月，33.19 万亿元。

1948 年 3 月，达到 69.68 万亿元；5 月，达到了 137.4 万亿元；到 8 月份，法币供应量达到了难以置信的 663.6 万亿元！

在恶性通货膨胀货币政策的作用之下，有职务的政府要员们套取外汇、投机倒把、化公为私、私藏金银，有武器的士兵将官们面对日本侵略军不愿作战、节节败退，面对民众却又烧杀抢掠、形同土匪，没有任何条件的人民群众在被掠夺殆尽后，拒绝接受法币，宁愿回到以物易物的原始阶段。更加严重的是，由于国民党的腐败统治及其军事上的节节收退，法币流通区域日益缩小，从东北、华北、华中，最后集中到了东南沿海，这更是加速了法币系统的崩溃。

在宋子文任行政院院长之时，曾试图抛售库存黄金来挽回法币币值，但因为政府财政收支极度不平衡、法币发行量彻底失控而失败。1948 年 5 月的行宪选举后，由翁文灏出任行政院院长，王云五被任命为财政部部长，开始筹划货币改革。

"替党国补天"的王云五 [①]

王云五，原名之瑞，后改名云五，1888 年出生在广东香山县。自幼家境贫寒，11 岁才进学校读书，14 岁在五金店当学徒。后刻苦自学，入上海"同文馆"学习英文，19 岁在上海中国新公学任英文教员。1912 年，王云五在孙中山总统府做秘书，不久受蔡元培聘任为北洋政府教育部秘书长、教育厅厅长等职，并在北京创办《民主报》。1921 年经胡适推荐到商务印书馆任编译所所长，1930 年出任商务印书馆总经理，其间编译出版多部大辞典，并发明了四角号码检字法，成为当时出版界的社会知名人士。

抗日战争爆发后，王云五再度投身政界并连任四届国民参政会参政员和政

[①] 王云五（1888—1979），名鸿桢，字日祥，号岫庐，笔名出岫、之瑞、龙倦飞、龙一江等。现代出版家、商务印书馆总经理。1948 年 5 月，王云五以无党派"社会贤达人士"的身份参加"行宪国大"，任行政院政务委员兼财政部部长。

协代表。1946 年，他干脆辞去商务印书馆的职务，出任国民政府经济部部长、制宪国大代表等，1947 年 4 月任国民政府行政院副院长。

在法币系统日渐崩溃的情况下，国民政府将王云五任命为财政部部长，寄希望于通过货币改革挽救濒临破产的经济系统，进而挽救其政权。王云五本人也抱着"替党国补天"的决心，希望自己成为挽救国民政府于危难之中的大英雄。用他自己的话来说，"便不免又想到我这一年来对于改革币制的主张，而由于平素不自量的与不畏难的癖性，更妄想假使我在掌握财政之时，能够达成此举，则纵然牺牲一己与变更决心，亦所不惜"。

1948 年 7 月 8 日，经过三易其稿的精心准备，王云五亲自起草了《改革币制平抑物价平衡国内及国际收支的联合方案》，与行政院院长翁文灏一起提交给蒋介石。

王云五的方案要点如下：

第一，实行金本位制，发行中华金圆。

第二，十足准备发行准备金 3 亿美元全部现货，发行额为 9 亿金圆，1 亿元辅币。

第三，3 个月内收兑全部法币、东北流通券和台币，金圆对法币为 1 比 120 万。

第四，严格控制外币。限期将金银外币收归国有和登记国人手中外币，出口商和华侨按规定兑换率交出所得全部外汇和侨汇，其中金圆 1 元兑换 3 美元或银圆 1 元。

第五，实行价格管制。按照抗战前标准调整税率，提高国营和公用交通事业价格。

第六，对行庄实行管制。针对大户豪门的金银外币未有不存入行庄保管箱和行庄兼营金钞买卖副业的情况，在新币发行前封存行庄及其出租之保管箱，同时规定国家银行除以收入存款放贷外不能增加贷款，存放款利率一律按照战前标准。

中央银行 100 万元金圆券

第七，竭力截流。裁并机构与冗员，核实士兵员额，禁止公私员工按生活指数调整薪水，鼓励出口限制进口，达到国际收支平衡。

按王云五所说，他制定这方案的指导思想是："欲使币值稳定莫如使无准备无限制与不公开的发行变为有准备有限制及公开的发行"，"同时辅以平衡国际收支的必要措施并极力增加生产节约消耗"。

蒋介石十分不满

蒋介石在审核王云五的方案后认为："王云五所拟金圆券方案，设法挽救财政，收集金银、外币，管制物价，都是必要的措施。"在对王云五的改革方案大加赞赏的同时，蒋介石还亲自打电话指定中央银行总裁俞鸿钧等人协助对方案认真加以研究，制定出具体实施办法。

俞鸿钧等人研究后认为，该方案的实质是废除丧失人心的法币改为金圆，并以之收兑金银外汇。俞鸿钧等众多金融专家在王云五的方案基础上提出，在内战继续进行的情况下不宜改革币制，不能收缴民众的黄金白银和外汇，金圆只能作为买卖外汇及缴纳税收之用，不在市面流通。然而，蒋介石认可了王云五的方案，但认为这一方案还有"缺陷"，所以要求他与俞鸿钧、严家淦、中央银行副总裁刘攻芸、财政部次长徐柏园共同修改。

在吸纳其他人的意见并修改了自己的方案之后，7月28日王云五再度呈上币制改革的修改方案。7月29日蒋介石认为王云五的方案"设法挽救财政，收集金银、外币，管制物价，都是必要的措施"，拟定于8月1日推行，但由于需争取美国支持，决定推迟至8月15日。

然而，深刻洞悉货币价值的美国人拒绝支持国民党新的币制改革方案。

8月19日，蒋介石亲自主持召开国民党中央政治会议，专题研究币制改革相关问题，并破例邀请王云五到会做币改方案的说明。当晚，蒋介石以总统名义发布《财政经济紧急处分令》，并公布《金圆券发行办法》《人民所有金银外币处理办法》《中华民国人民存放国外外汇资产登记管理办法》及《整理财政及加强管制经济办法》四项办法。

《金圆券发行办法》规定：其一，金圆券发行限额明确定为20亿圆。其二，金圆券发"采十足准备制"的准备金，从3亿美元增加到5亿美元，但是准备金中黄金、白银及外汇只占40%，而60%为有价证券及指定之国有事业资产。其三，金圆券1元兑法币为300万元，兑东北流通券为30万元，允许台币继续流通；金圆券与美元的兑换从3比1改为4换1，与黄金的兑换为200金圆比1两，与银圆的比率改为2金圆换1元，与白银比为3金圆兑1两。其四，民营事业工资不得超过8月上半月之工资率，物价律按照8月19日的价格冻结。

与此同时，蒋介石派遣经济督导员到各大城市监督金圆券的发行。在没收法令的威胁下，各大城市的中产阶级民众皆服从命令，将储蓄金兑换成金圆券。截至1948年11月16日，共收兑黄金166.3万两，白银（即银块）893.7万元，银圆2403.8万元，美钞4773.5万元，港元8732.5万元，合计折合1.9亿美元。

根据相关法令，国人应于12月1日前将存放在国外的外汇资产向中央银行或其他指定银行申报登记，上海银行公会按照各行实力凑足了1000万美元。蒋介石对此十分不满，认为上海商业银行领头人物没有将全部外汇资产（估计有3亿美元）向中央银行申报登记，只是用1000万美元敷衍了事，于是派蒋经国亲赴上海督办。

同时，中华民国政府还试图冻结物价，强迫商人以8月19日以前的物价供应货物，禁止抬价和囤积。在政府的压力之下，资本家被迫将部分资产兑换成金圆券。蒋经国到上海之后，将部分不遵从政令的资本家收押甚至是枪毙，以杀一儆百，甚至连杜月笙之子杜维屏也因囤积之罪入狱。蒋经国在上海雷厉风行的"打老虎"，曾暂时赢得了人民对金圆券的信心。

寻找金圆券的币值支撑

在《财政经济紧急处分令》公布之后，许多金融专业人士都认为，金圆券发行限额和物价均无法控制，不出三四个月就会被冲破。王云五则认为只要能做到"限定发行十足准备"，又能做到"收支平衡""稳定物价"，金圆券之前途自然相当乐观。

王云五从两方面推行这一措施：一方面金圆券作为一种新币，人们还抱有幻想，为了尽可能维持这种幻想，王云五强调"金圆券之发行准备必须早日确定并公告全国以昭大信"。据该建议，国民党政府在方案发布时称金圆券的发行已"限定发行十足准备"，并且声称如发现准备金不足或金银外汇之准备不及所占准备金之 40% 时，"应即通知中央银行停止发行收回其超过发行准备之金圆券"。另一方面"限定发行十足准备"在王云五眼中并非空话，他想法筹措所谓 5 亿美元的准备金。除了行政院 9 月 22 日宣布将价值 7164 万美元之资产和其他资产移作准备金外，他于 9 月 28 日又宣布"国家银行已经交出约 1 亿美元，私营银行约 4000 万美元。到本月底将有约值 2 亿 5000 万美元金银和外币作为新金圆券的储备，这将达到新货币储备的 50% 左右"。

为了保障货币币值，王云五还宣布出售中纺公司、招商局、台湾糖业公司与纸业公司、天津纸浆公司五大国营单位价值 5.64 亿金圆之资产股票。尽管他鼓吹这几家公司均为政府管理下设备最佳、营业最盛、前途具有希望之生产或建设事业，但截至 10 月中旬仅售出金圆券 400 万元，国有企业根本无人问津。

在此情况之下，王云五只有把稳定币值的希望寄托于从民间收兑的黄金、白银和外汇，并希望通过使用这些黄金、白银和外汇来收兑金圆券，进而保障金圆券的币值。然而，行政院却表示，如果出售黄金与外汇来兑金圆券，将导致大批的现金准备金丧失。

在以上稳定金圆券币值的措施均无望的情况下，王云五也和蒋介石一样，愈加认为美国的援助至关重要。1948 年 9 月下旬，恰逢国际货币基金组织及国际复兴开发银行第三届年会召开，而中国财政部又恰好轮值年会主席职位，王云五"甚盼能出席此次会议"以期争取到国际援助，蒋介石也非常支持他前往美国。

在美国期间，王云五同美国经济合作总署署长和财政部部长进行了多轮交流，商讨国民政府的贷款问题。但美国方面认为，国民政府更重要的是使用已经批准的美援，而不是永无休止地要求更多的美国援助。

尽管王云五做出了种种努力，但支持金圆券币值的所有可能性均遭了失败——他唯一可做的事情，就只能是控制物价了。

因为，如果物价上涨，财政部将不得不增加金圆券的发行量，这将突破政府对于金圆券发行数量的限制，进而形成物价与金圆券发行量的螺旋式上升。

冻结物价的失败

然而，"冻结物价"听起来很容易，实际上却非常难做到。因为形成市场的基础就是价格的自由浮动——如果真的能"冻结物价"，也就是抛弃了市场经济的自由交易原则，货币本身也失去了意义，这就成了 100% 的计划经济了。

王云五自己也知道，冻结物价短期内可行，但"持续过久难免引起对抗"。为了保证物价在短期内不致上涨，王云五将银行、钱庄及所有交易所暂停营业，敦促所有商业银行、实业公司及信托公司增加金圆券储备，同时大幅度增加货物税、关税和盐税额度，均要求以金圆券支付，由于税收大幅度增加，实体经济根本难以承担，更何况国民政府的政权已经风雨飘摇，税收的推进极为艰难。

与此同时，政府支出却大幅度增加，金圆券的发行限额不得不被突破，限价措施再也无法执行下去。

到了1948年10月底，经济管制委员会无奈之下宣布"粮食可自由买卖，工资可调整，百物都可合本定价"，这表明了物价控制的彻底失败。

物价控制失败接下来的结果必然是金圆券发行限额被突破，到了11月9日，金圆券的发行量就已经增加到19亿元，接近规定上限。

不过，规矩都是人定的嘛——11月11日，行政院修订《金圆券发行法》，取消金圆券发行限额，准许人民持有外币，但兑换额由原来1美元兑4金圆券，变为1美元兑换20金圆券。

当1948年年底开始准许以金圆券兑换金银外币，全国各地立即出现数以十万计抢兑人潮；至1948年12月底，金圆券发行量增至81亿元；至1949年4月时增至5万亿元；至6月更增至130万亿元，比10个月前初发行时增加24万倍。

金圆券钞票面额不断升高，最后连面值100万元的大钞，都不足以应付日常交易之需。

1949年5月，一石大米的价格要4亿多金圆券，各式买卖经常要以大捆钞票进行。由于贬值太快，早上的物价到了晚上就已大幅改变——1949年4月和5月，南京、上海相继被中国人民解放军攻占，人民政府在6月起宣布停止金圆券流通。

从1948年9月开始发行至1949年7月停止流通，仅10个月时间，金圆券贬值已超过两万分之一，相比黄金，其贬值程度更是达到了两百万分之一以上！

金圆券风暴令国民党在半壁江山内仅余的民心、士气丧失殆尽，城市里的知识分子、小资产阶级、民族资本家也都一下子被这个改革掠夺得一无所有，国民党政府失去了本来最倾向于他们的阶层的支持，整个国民党政权在大陆迅速崩溃，败局已定。

1949 年 7 月，蒋介石带着从库存里搜刮的大量黄金、白银、外汇以及战略物资逃亡台湾。

注定失败的货币改革

由李宗仁任代总统的国民政府已经成为一个空壳，财政上穷途末路的国民政府企图故伎重演，发行银圆券——1949 年 7 月 4 日，逃亡到广州的国民政府行政院公布了《银圆及银圆券发行办法》：以银圆为本位币，银圆 1 元含纯银23.493448 克……

银圆券一开始就遭到广大人民群众的抵制和拒绝，仅仅 20 天之后的 7 月25 日，其价值就迅速贬值，到了后来，国民政府给自己人发薪水都得用港币，而不用金圆券或者银圆券。

银圆券的崩溃，也代表着国民政府自抗日战争爆发以来 10 余年通货膨胀的历史宣告结束。

实际上，国民党统治后期，国民政府内部都不再使用法币和金圆券，主要使用的是美钞和港币，其中美钞主要流通于北平、天津、上海、武汉等大中城市，尤以上海为最多；港币则主要流通于华南地区，广东、福建等地，几乎是港币的天下。

学术界对王云五的评价多为负面，认为他主持的金圆券改革根本是彻头彻尾地搜刮民脂民膏，甚至是国民党政府溃败的罪魁。其实，金圆券是国民党政府最后一次货币改革与稳定物价的技术努力，不是掠夺人民和涸泽而渔，其本意是稳定国统区经济，这一点在其对待币改方案的重视上就可见一斑。

币制改革的核心是让民众将其手中的金银外汇等硬通货兑换成金圆券，而政府应该稳定金圆券的价值。然而中央银行准备金不足，垄断财团又拒绝拿出物资来坚挺市场，蒋经国不可谓不卖力，上海"打虎"半途而废证明国民政府的腐败早已深入骨髓。因此，币制改革虽无掠夺之心，却有敛财之实。

追根溯源，老百姓和市场对货币制度和背后的政府信任才是货币改革的基础。国民党的第一次法币改革，已经让政府信用扫地，此次发行金圆券又以枪杆子强力推行，老百姓对货币乃至政府缺乏信心，也是金圆券改革失败的重要原因之一。

第十五章

布雷顿森林会议与
美国经济霸权

　　1944年7月1日，第二次世界大战进入尾声之际，在美国的邀请下，44个国家的经济特使聚集在美国新罕布什尔州的一个叫作布雷顿森林的小镇上。经过3周的讨论，会议通过了以"怀特计划"为基础制定的《国际货币基金协定》和《国际复兴开发银行协定》，确立了以美元为中心的国际货币体系，即布雷顿森林体系。此次会议的影响堪与雅尔塔会议相媲美，前者界定了世界经济格局，后者则确定了世界政治格局。主流观点认为，布雷顿森林体系是美国经济霸权确立的标志，所幸它在20世纪70年代崩溃了。实际上，作为二战后国际经济环境稳定的基础，布雷顿森林体系并未失败，而是升级了。

英美之争

第二次世界大战和第一次世界大战的过程几乎如出一辙，德国挑起了战争，美国结束了战争。由于战火并没有燃烧到美国本土，所以地大物博、资源丰富的美国可以大量生产粮食、棉花、石油、枪炮、船舰……趁着欧洲强国陷于战争泥沼之中打得不亦乐乎，美国倒卖各类物资，只要黄金不要纸币，大发了一笔战争财。

第一次世界大战结束的时候，美国的黄金储备增加了一倍，位居世界第一，经济总量更是超过了英、德、法三国的总和；第二次世界大战美国更是大赢家——不但赢得了战争，而且在经济实力上再度远远将原来的欧洲强国甩在了后面，从工业科技到财富文化，美国实力都远远超出其他国家，强大到其他任何国家难以望其项背。以当时被用作国际货币和财富代表的黄金来看，统计数据显示在第二次世界大战即将结束时，美国政府拥有的黄金占当时世界各国官方黄金储备总量的 75% 以上，几乎全世界的黄金都通过战争流向了美国。

一战之前，英国是无可争议的世界经济龙头；一战后美国崛起，鉴于英国贵为欧洲盟主，英美之间仍不分轩轾。然而，二战之后一切都不一样了，美国已经大大超越了英国。二战后英美两国主导重建世界经济体系，颇有争当世界经济老大的意味。至于重建方案，英国拿出的是"凯恩斯计划"，美国则是"怀特计划"。

凯恩斯因《和约的经济后果》一书准确预言了《凡尔赛和约》将导致德国

再次发动战争而声名鹊起，而《就业、利息和货币通论》一书的出版更是奠定了其经济学界至高无上的地位，因此他被英国委任为谈判代表。怀特则是美国财政部长摩根索的助理，曾参与筹建泛美银行，是美国少有的具有国际化视野的经济专家。二者的方案都非个人主张，而是经过多方建议、轮番修改的国家意志。两个方案均是在本国利益的基础上构思和设计了战后的国际货币体系，以设立国际金融机构、稳定汇率、扩大国际贸易、促进世界经济发展为目的，但运营方式不同。

"凯恩斯计划"的关键点有两个："清算同盟"和"世界货币"，即创立一个叫作"国际清算同盟"（International Clearing Union）的国际多边清算机构，并创造一个新的世界货币作为普遍支付的工具，以此来实现国际汇率的稳定以及调节短期国际收支不平衡的目的。这一框架有利于规避英美的直接矛盾，引导美国进入一个一般性的、集体负责的体制中。"怀特计划"则主张建立一个"国际稳定基金"（The United Nations Stabilization Fund）的方案。其思路是成立由美国控制"国际稳定"，通过"基金"使会员国的货币"钉住"美元，这个计划还立足于取消外汇管制和各国对国际资金转移的限制。

总而言之，"凯恩斯计划"的目的在于设立一个世界性的中央银行，发行世界货币，提供国际信贷，以弱化单个国家的超强影响力。而"怀特计划"的目的则是设立一个美国经济霸权的推广机构，确保美元在国际货币和金融领域不可动摇的中心地位。

最终，美国还是凭借其超强的工业能力和黄金储备，使"怀特计划"更具可操作性，并以此为基础制定了布雷顿森林体系。

值得一提的是，无论是凯恩斯还是怀特，都没有能够看到自己设计的国际货币体系真正运行——1946年凯恩斯死于心脏病，两年之后（1948），怀特因为在布雷顿森林会议过程中与苏联官方的深入接触而被指控为间谍，关于对美国价值观是否忠诚的辩护使得他心力交瘁，不久也因为罹患心脏病而去世。

秩序与繁荣

布雷顿森林会议确立的战后世界货币、经济和贸易原则如下：

第一，美元与黄金挂钩。各国确认 1944 年 1 月美国规定的 35 美元一盎司的黄金官价，每一美元的含金量为 0.888671 克黄金；各国政府或中央银行可按官价用美元向美国财政部兑换黄金。为使黄金官价不受自由市场金价冲击，各国政府需协同美国政府在国际金融市场上维持这一黄金官价。

第二，其他国家货币与美元挂钩。其他国家政府规定各自货币的含金量，通过含金量的比例确定同美元的汇率。

第三，实行可调整的固定汇率。《国际货币基金协定》规定，各国货币对美元的汇率，只能在法定汇率上下各 1% 的幅度内波动。若市场汇率超过法定汇率 1% 的波动幅度，各国政府有义务在外汇市场上进行干预，以维持汇率的稳定，若会员国法定汇率的变动超过 10%，就必须得到国际货币基金组织的批准；1971 年 12 月，这种即期汇率变动的幅度扩大为上下 2.25% 的范围，决定"平价"的标准由黄金改为特别提款权，这种汇率制度被称为"可调整的钉住汇率制度"。

第四，各国货币兑换性与国际支付结算原则。各国货币自由兑换，会员国未经基金组织同意，不得对国际收支经常项目的支付或清算加以限制。

第五，确定国际储备资产。《协定》中关于货币平价的规定，使美元处于等同黄金的地位，成为各国外汇储备中最主要的国际储备货币。

第六，国际收支的调节。国际货币基金组织会员国份额的 25% 以黄金或可兑换成黄金的货币缴纳，其余则以本国货币缴纳。会员国发生国际收支逆差时，可用本国货币向基金组织按规定程序购买（即借贷）一定数额的外汇，并在规定时间内以购回本国货币的方式偿还借款。会员国所认缴的份额越大，得到的贷款也越多。贷款只限于会员国用于弥补国际收支赤字，即用于经常项目的支付。

就这样，美元顺利替代英镑成为全世界有史以来使用最广泛的一种世界纸币。

注意，只有外国政府或者中央银行才能找到美国来把纸币兑换成黄金，个人是不允许的，这也是美元与以前的英镑纸币不同的地方。

尽管如此，我们依然可以这样认为，在任何时候，在任何地方，只要你持有 1 美元纸币，它的价值就是 1/35 盎司黄金，而其他国家的纸币，如马克、日元、法郎、英镑等，全部都与美元保持基本固定的兑换比率，也都代表着各自不同的含金量。

比方说，1 马克，代表着 0.222168 克黄金；1 日元，代表着 2.46852 毫克黄金……就连苏联的 1 卢布，在 1971 年之前也被官方规定了代表 0.222168 克的黄金。

就这样，在国际货币体系中，美元处于"等同于"黄金的地位，代替黄金成为各国最主要的国际储备；某种程度上说，甚至比黄金更好，因为美元纸币可没有黄金那么笨重和难以携带，而且存入银行还有利息。

有了以美元为中心的布雷顿森林体系，为金本位崩溃之后国际货币金融领域建立了统一的标准和基础，加上美国通过赠予、信贷、购买外国商品和劳务等形式（"马歇尔计划"等），向世界散发了大量美元，客观上起到了扩大世界购买力和促进世界贸易的作用，也保证了战后世界货币体系正常运转。

在布雷顿森林体系之下，各国偏重内部的经济平衡，国内经济比较稳定，危机和失业情形较战前有所缓和，而国际货币基金组织和世界银行的活动解决了会员国战后恢复和发展经济的资金需要和技术援助问题，对世界经济的恢复和发展起了较好的积极作用，而固定的汇率也有助于形成生产和资本的国际化，避免了国际资本流动中引发的汇率风险，有利于国际资本的输入与输出。

总之，在第二次世界大战的废墟之上，人类建立了以美元纸币为本位的一套稳定国际货币体系，因为美元可以兑付黄金，人们不用担心自己辛勤创造的财富是否会因为通货膨胀而变成废纸，而每个国家纸币固定的含金量也形成了固定汇率，这消除了各国的汇率风险，所以人们可以普遍专注于创造真实的物质财富。在 1945—1971 年的布雷顿森林体系之下，西方国家普遍实现了经济高增长和低通胀，各种改善人类生活质量的创造和技术发明也遍地开花，全世界进入了资本主义第二个黄金发展期。

特里芬困境

按照布雷顿森林体系的设想，美国为世界提供美元纸币，世界为美国提供真实的商品和服务，这个模式要得以持续下去，美国必须一直保持贸易逆差，如果美国不再"出口美元"，就会发生美元不足，影响国际贸易与经济增长的情况。

然而，美元纸币的"供应"如果超出它自己的黄金储备太多，怎么办？如果再有一些政府或者中央银行去找美国财政部兑换黄金的话，美国就会出大麻烦。

此问题最早由经济学家罗伯特·特里芬（Robert Triffin）在 1960 年提出，所以被称为"特里芬困境"（Triffin Dilemma）或"特里芬难题"（Triffin Paradox）。

很不幸地，事实很快就验证了特里芬先生的预言。

1949 年，按照 35 美元 / 盎司黄金计价，美国的黄金储备为 246 亿美元，占当时整个资本主义世界黄金储备总额的 73.4%，这是战后的最高数字。1950

年以后，除个别年度略有顺差外，美国其余各年度都是逆差（迄今一直都是，而且规模越来越大）。

实际上，由于美国对欧洲存在长期的支付赤字，到 1959 年底，美国的官方外债就已经与美国的黄金储备总价值几乎相等了，两者均为 200 亿美元左右——也就是说，在这个时候，如果美国以外的国家都过来要求美国履行黄金兑换义务的话，一度占有全世界 75% 黄金储备的美国，其所有黄金储备将在瞬间消失。

但是，到了 1971 年 8 月份，美国仅短期外债总额就已经达到了 600 亿美元，而当时美国所有黄金储备如果按照 35 美元 / 盎司的价格计算，价值只有 97 亿美元！

针对美国已经没有能力向其债权人支付黄金这一事实，当时法国经济学家雅克·吕夫（Jacques Rueff）就评论："这就像让一名秃子去梳理他的头发一般，纯粹是无稽之谈。"

美国政府终于撑不住了，最后时刻到来，一位美联储官员讲述了这样一段故事：

1971 年 8 月 15 日，美国总统尼克松发表演讲，猛烈抨击"国际投机分子"制造了金融市场混乱，为了保卫美元，美国政府必须"暂时"关闭财政部的美元兑换黄金窗口。

"暂时"是多久？答案是"永远"！

如果我们追问一下，谁是尼克松所指的"投机分子"呢？

要知道，根据布雷顿森林体系的规定，不是谁都可以找美国财政部兑换黄金的，只有各国政府或者中央银行才有资格去兑换。看来，法国政府、德国政府、意大利政府、荷兰政府、瑞士政府大概都是尼克松眼中的投机分子吧？

尼克松这一宣布，意味着美国背弃了 1945 年对全世界所做出的 35 美元兑换 1 盎司黄金的承诺，意味着布雷顿森林体系的彻底垮台，意味着美国政府对全世界的赖账。

实际上，美国赖账并不是这个事件的关键，倘若把"美国赖账"这件事情拉到人类的整个历史长河中来看，尼克松总统这个决定更加非同一般的意义就是——

全世界几千年来认同的"钱"这个概念，就从这一天发生了质的改变！

要知道，从第二次世界大战以后，美元实质上就一直充当着世界货币，可是从 1971 年 8 月 15 日开始，整个人类第一次同时沦落到不兑现的法币时代！

1971 年 8 月 15 日，从这一天起，金银不是钱，纸片当钱花——钱的概念被彻底颠覆！

美国决定关闭黄金兑换窗口，纸币从此与一切实物商品斩断了关系！

布雷顿森林体系远未终结

所谓的布雷顿森林体系，其实有狭义和广义之分。狭义的布雷顿森林体系指的是二战后以国际协定所确立的法定国际货币制度，这一体系在 20 世纪 70 年代初已经宣布崩溃了。广义的布雷顿森林体系指以美国为中心的世界经济体系，美元作为国际货币体系的本位币，充当国际货物、服务和资本贸易的主要计价和结算工具，构成各国主要国际储备资产，这一体系还远未终结。从某种意义上来说，当今世界的金融体系就是布雷顿森林体系的升级版。

首先，当今世界最重要的国际金融机构和贸易机构如国际货币基金组织、世界银行、世界贸易组织（WTO）都是在布雷顿森林会议上所确立的原则基础上而建立的。这些国际组织及其所代表的精神原则，使世界走出了孤立主义、双边主义和以邻为壑的泥沼。

其次，狭义布雷顿森林体系的崩溃彻底把金本位扫进历史的垃圾堆。直到今天仍有很多人憧憬金本位的世界，那意味着汇率稳定和没有通货膨胀。然而，且不说黄金作为货币的不便，黄金天然的短缺亦将限制经济的大发展，几乎必然导致通货紧缩，美国 20 世纪 20 年代末爆发的大萧条即是前车之鉴。信用货币取代黄金是历史的必然，从这个角度来讲，尼克松功莫大焉，此君的另外一大功绩即是推动中美建交。

第十六章

公私合营与
社会主义改造

中华人民共和国成立后，中国共产党在全国范围内对农业、工商业和手工业进行社会主义改造，迅速实现了把生产资料私有制转变为公有制的既定目标，初步建立了社会主义基本制度。"三大改造"中，工商业的改造是重点。工商业的改造又分为两个方面：一个是将私营企业改造为公私合营，一个是将私营企业主（资本家）改造为"自食其力"的劳动者。在中国共产党强力推动下，甚至出现了资本家敲锣打鼓庆祝公私合营的景象。回顾这段历史，有助于我们重新认识价值的规律、商业逻辑以及未来的方向。

"跑步进入社会主义"

1953 年，中共中央制定了"过渡时期总路线"，要在一个相当长的时期内，逐步实现国家的社会主义工业化，逐步实现国家对农业、手工业和资本主义工商业的社会主义改造。

所谓"过渡时期"，是指从新民主主义革命向社会主义革命过渡。"新民主主义革命"的主要任务是推翻三座大山（帝国主义、封建主义和官僚资本主义），这一阶段民族资产阶级是中国共产党的统战对象。新中国成立后，新民主主义革命宣告胜利，下一阶段的革命主要任务是消灭资产阶级。

在中华人民共和国即将成立的 1949 年 9 月，中国人民政治协商会议通过了《中国人民政治协商会议共同纲领》，这一纲领相当于临时宪法，其中明确指出"使各种社会成分在国营经济领导之下，分工合作，各得其所，以促进整个社会经济的发展"。承诺给私人资本主义较长的发展期，但金融业属于涉及国家经济命脉的重要行业，应受国家的严格管理。在此时背景下，私营金融业率先开始公私合营，接受监管。此前，刘少奇曾发表的著名的"天津讲话"，鼓励企业家恢复生产、发展经济。国家推行"公私兼顾、劳资两利、城乡互助、内外交流"的经济方针，促进不同所有制的企业发展。针对私营工商业的现实困难，政府还实行委托加工、订货和收购的方式，优先保证关乎国计民生的行业发展。截至 1952 年，全国工业总产值的 40% 由私营工业创造，私营工商业拥有超过 380 万的职工。此时，政府开始吸纳一些有代表性的私营工商业进行公私合营。

消灭资产阶级的路线其实在更早的时候就已经确定了，为何在新中国成立初期允许各种经济并存呢？这是因为在当时的经济体系中，国营经济的成分还不足，私营工商业还占有很大的权重，消灭资产阶级的条件还不成熟。在同等条件下，市场经济显然比计划经济更具活力。有人认为，若要实现计划经济，则必须是彻底的计划经济，必须根除市场经济。为此，政府先要控制原材料、资本和销售渠道，让私营工商业变成"夹心饼干"，使其盈利能力受到政府的掌控，这个过程并不需要很长时间。

1952年2月上旬，在私营工商业者中展开的"五反"运动（反行贿、反偷税漏税、反盗骗国家财产、反偷工减料、反盗窃国家经济情报）很快在各大城市形成高潮。运动中，各地纷纷采取了清算大会、批斗大会的形式，不仅给资本家"戴高帽"，还普遍进行了体罚。据统计，京、津、沪等九大城市被审查的逾45万户私营工商业，犯有不同程度的"五毒"行为的约占76%，其中上海为85%、北京为90%。这次运动为中国共产党对资本主义工商业进行社会主义改造打下了基础。至此，"过渡时期总路线"才顺理成章地提出，社会主义革命提前进行。

1953年12月，金融业率先完成全行业公私合营。1954年，政府通过没收旧官僚资产、统购统销、农业合作化等手段，逐步掌握了经济命脉。1955年11月，在农业合作化高潮的推动下，"对资改造"全面启动，至此私营工商业者除了公私合营一途，别无选择。

1956年1月上旬，当《人民日报》还在提醒人们不要盲目加速合并企业的时候，北京却在几天之内完成了全行业的公私合营，人们纷纷高呼"跑步进入社会主义"。1月15日，北京各界群众20万人聚集在天安门广场，隆重庆祝改造胜利大会，毛泽东、刘少奇、周恩来出席了大会。上海、武汉也不甘落后，宣布将在几天之内完成公私合营。

这场"全行业的公私合营"，先是进行动员和部署，然后是召开大会，表彰先进，批评落后，最后在山呼海啸的口号中落幕。最终，敲锣打鼓，庆祝运动取得圆满成功。

社会主义改造的过程

在民族资本接受社会主义改造的过程中，政府采用"和平赎买"的方式，对资产阶级的生产资料实行国有化。"和平赎买"政策分为两个阶段：在全行业公私合营之前，实行"四马分肥"的办法；在全行业公私合营之后，对私股采用定息的办法。

所谓"四马分肥"是政府对民族资本主义工商业利润分配形式的形象说法，即国家规定对私营企业和公私合营企业的全年盈余按照四个方面进行分配：国家税金约占 30%；企业公积金余额为 10%—30%；职工福利奖金约为 5%—15%；股东红利、董事、经理、厂长的酬金约为 25%。前文提到，1952 年的私营工商业还是一个重要力量，其工业产值占工业总产值的 40% 左右。1953 年，政府通过委托加工、计划订货、统购统销、委托经销代销等形式，基本控制了全国的经济活动，也就是在这一年政府开始采用"四马分肥"的策略。

1956 年，全行业的公私合营基本完成。在工业中，公私合营企业已经占到资本主义工业企业总数的 99%；在商业中，有 40 万户实行了公私合营，有 144 万户实行了合作化。至此，资本家只能以私股持股人的身份领取定息。据统计，1956 年全国公私合营企业的私股总额为 24.2 亿元，并据此对私股支付年息 5% 的定息，领取定息的私股股东共 114.2 万人。此前，私营企业在缴纳重税以及摊派公债后的盈利率尚能达到 10%，定息不仅远低于盈利率，甚至不如存款利率。定息从 1956 年 1 月 1 日起计，原定于 1962 年止息，后延长到"文革"开始前的 1965 年，利息还有所降低，前后共支付了 10 年。相当于至少还有 50% 的私股股本，被国家未经任何合法手续无偿剥夺。当时一些地方政府为了更多地赎买民族资本，把资本够 2000 元的小商小贩都划为资本家，95% 的私股股东每月领到的定息只有几元钱。

全行业公私合营完成之后，私方人员在企业管理上权力被削弱，其管理经验被忽视，很多小的私股持有者，甘愿放弃定息。

在整个公私合营的历史过程中，民族资本家的私人财产受到了极大的损失，而真正受益的则是政府。1956 年 2 月 3 日，时任中共广东省委第一书记的陶铸在资改工作会议上说过这样一段话："从积极的方面说呢，我们在很短的时间内就把资本家的全部财产拿过来，约计全省私营工商业的资金有 1.9 亿元，现在被我们拿过来了，国家发了一笔洋财。1.9 亿元相当于 19 亿斤大米。广东年产大米是 18 亿斤，即几天时间被我们共了一大笔财产。这笔钱如不好好利用，就很可惜。开了这样的会，毛主席也讲了话，假如不利用这笔财产来好好经营，那就多此一举，没有意思。把财产'共'过来，是要更好地为国家服务，发展生产增加财富。广东地方工业少，广州是商业城市，共产过来，就要发展生产，逐步建设成为工业城市。"

令人遗憾的两个案例

在"五反"运动中，很多私营工商从业者不堪受辱而选择了绝路。最令人痛惜的当属一代船王卢作孚的自杀。

卢作孚（1893—1952），中国近代史上著名的实业家，创建民生公司（今天的民生银行沿用了这个名字），从事航运业，以"实业救国"为己任。1938 年夏天，在日寇的狂轰滥炸下，他亲自指挥了宜昌大撤退，把中国最重要的工业企业物资抢运到大后方，这事件被誉为"中国实业上的敦刻尔克"。毛泽东曾说，中国实业界有四个人不能忘记，"搞重工业的张之洞，搞化学工业的范旭东，搞交通运输的卢作孚和搞纺织工业的张謇"。

1950 年 6 月，在中共高层领导的安排下，卢作孚从香港回到北京，增选为全国政协委员。在多次和毛泽东、周恩来等中央领导会面之后，对新中国的建设和公司的未来充满了希望。同年 10 月，回到重庆，受到邓小平的接见，又被任命为西南军政委员会委员，并重新投入到民生公司的工作之中，民生公司是其毕生心血之所系！

他立即着手安排民生公司滞留香港和海外的船舶返回内地，18 艘主力船舶得以突破封锁，返回内地参加新中国的建设。对于公私合营，他是支持的，在返回内地之前就向中央提出了民生公司进行公私合营的请求，在北京又向毛泽东提出了民生公司公私合营的具体方案，并在 1950 年 7 月与交通部部长章伯钧签订了《民生公司公私合营协议书》，此举标志着民生公司在全国率先进入公私合营程序。

正当他准备放手大干的时候，"三反""五反"等运动相继开展，民生公司受到波及，公司的部分董事、高层管理人员受到不应有的冲击，公司也因为宏观环境的问题而陷入财务困境。当时私营企业无法从银行取得贷款，他只得求助于中央。中央破例指示给民生公司贷款 1000 万元（旧制人民币 1000 亿元），不幸的是，这一指示未能传达到他（相关负责人解释说忘记了）。视民生公司为生命的卢作孚，压力之大可想而知。

1952 年 2 月 5 日，民生公司川江主力船"民铎"轮在丰都附近水域发生事故触礁沉没。外部传言，这是潜伏特务在搞破坏，公司内部人心惶惶，气氛紧张。8 日，民生公司召开"五反"动员大会，卢作孚的通信员揭发他请公股代表吃饭、看戏，污蔑他用"糖衣炮弹"腐蚀国家干部。卢作孚百口莫辩，不懂为什么用私人工资请同事吃饭就成了腐蚀干部，洁身自好的他，受不了这个刺激，于当晚自杀。

1980 年，中共四川省委为卢作孚平反，说："卢作孚为人民做过很多好事，党和人民是不会忘记的。"

1956 年《中共中央关于资本主义工商业改造问题的决议》指出："对于资本主义私有的生产资料，不是采取没收的政策，而是采取赎买的政策。"由此可知，赎买的对象是生产资料，那么商标和商誉属于生产资料吗？王老吉的商标之争，把这个疑问又重新带入了公众视野。

王老吉这个品牌可以追溯到 200 多年前的道光年间，广州鹤山人王泽邦创办"王老吉药厂"生产凉茶，此后王家生意兴隆、枝繁叶茂。1949 年，一支王家人，把凉茶店开到了香港、澳门，并将王老吉"橘红底杭线葫芦"的商标注册；一支则留在内地，即将接受社会主义改造。

公私合营中，王老吉与其他七家私营中药厂合并，更名为王老吉联合制药厂。"文革"期间，因为"王老吉"代表"资本家"和"臭老九"，不得作为商标使用，1968 年王老吉联合制药厂改名为广州中药九厂，"王老吉凉茶"改名为"广东凉茶"。1982 年，广州中药九厂又改名为广州羊城药厂。1992 年转制为国有股份，改名为羊城药业。1992 年，开创性地生产出盒装王老吉和罐装王老吉凉茶，可谓国内最早的凉茶植物饮料，在华南市场上广受追捧。

1997 年，广药集团将王老吉商标租借给香港鸿道集团，后者授权其子公司加多宝集团在国内销售红罐王老吉。之后，双方多次延长租期到 2020 年。后来，广药集团以原副董事长收受香港鸿道集团董事长贿赂为由，质疑商标使用许可的合法性。经有关部门裁决，王老吉的商标重归广药集团。

在两大集团争夺商标及其背后的巨大市场价值的时候，王家人一直被排斥在外，想来实在让人唏嘘。

公私合营后遗症

1956 年，全行业公私合营取得圆满成功之际，资本主义在中国没有了，小生产在中国也没有了。自洋务运动以来成长起来的一批民族企业几乎凋零殆尽。公私合营企业中，拒绝私营企业家在生产技术和管理面的一切经验，拒绝市场规律，甚至拒绝品牌，这一切都被视作资本主义的象征。

这是中国经济历史上，最为彻底的国进民退，有产阶级被整体切除，市场经济被消灭，工商业文明至此停滞。

第十七章

米尔肯与垃圾债券

在搜索引擎中输入"垃圾债券"（junk bond），大多数的页面会出现一个人的名字——迈克尔·米尔肯。在今天的美国康普顿百科全书里，迈克尔·米尔肯的名字亦与"违法操作""内部交易"等关键词紧密相连。面对指控，他表示这是历史理解问题，未来终将还他清白。2011年和2012年他在家里和北京两次与我见面时都强调，当年与他一起被起诉的几个同案嫌疑人经过近10年的抗诉，最后都胜诉了，也间接证明了他本人无罪。我问他当时为什么认罪，他笑着说：我有钱，他们没有钱。我可以交钱认罚，换来时间办我想做的有意义的事情，而不是浪费在教育法官和不懂金融的一批人身上。现在，米尔肯建立了一个米尔肯研究院，每年邀请全球最重要的思想家举办论坛，每次都有2000人左右，影响巨大。他非常认可中国金融博物馆的创立，也表达了要一起推动金融教育的愿望。

慧眼识"金"

迈克尔·米尔肯 1946 年出生在美国加利福尼亚。他在一个舒适的中产阶级家庭长大，父亲是会计师。从宾夕法尼亚大学沃顿商学院工商管理专业以全 A 成绩毕业后，米尔肯于 1970 年成为德雷克斯公司一名债券分析师。

米尔肯在大学时代就对"垃圾债券"产生了兴趣，所谓"垃圾债券"是指那些被认为偿付能力较低从而不得不付出较高收益的债券，由于风险较大被贬称为"垃圾债券"。20 世纪 70 年代初，由于美国失业率和通货膨胀的攀升，信用紧缩严重，很多公司的债券都被信用评级公司降级，有的甚至都归入"垃圾债券"行列。众多基金公司为了保持自身基金的整体质量，急于将这些"垃圾债券"脱手。

此时，米尔肯却独具慧眼，通过研究发现，经济周期的某个阶段，低档债券的实际收益率胜出高档债券。同时，他认为，这些债券在利率风险较大的时期反而能保持稳定，因为其回报不是与利率挂钩，而是与公司的发展前景密切相关。他建议当时持有大量"垃圾债券"的"第一投资者基金"继续持有，结果"第一投资者基金"的回报率连续大幅上涨，连续三年成为全美业绩最佳的基金。尝到甜头的米尔肯在德雷克斯公司内成立了专门经营低级债券的部门，开始了其毁誉参半的"垃圾债券"职业生涯。经他手里购买的低级债券年收益率高达 50%，胆大的投资公司首先被他说服，许多保险公司、养老基金见米尔肯的理论实际可行也愿意跟进，低级债券购买者越来越多，渐渐形成了市场，米尔肯管理的债券买卖部所获利润从开始时只占公司总利润的 35%，发展到

1975 年已接近 100%。

债券在企业融资结构中是介于银行贷款和股本金之间的信用工具。鉴于规定了偿债期限和固定收益率，对于发行企业而言，可以从容安排现金流量，其使用限制也比银行信贷更为宽松。对于债权人而言，倘若经济增长环境较好，获得更高回报的机会更大，也不失为一种好的投资选择。

20 世纪 70 年代末的美国，正是高科技蓬勃发展之时，银行信贷不易，而风险投资者亦急于搜寻暴利的机会，以米尔肯为榜样的炒家们便应运而生。他们掌握了市场对资金的需求，将"垃圾债券"市场迅速扩大，成为一个支持新兴企业的重要发动机。比如，在美国通信业市场和技术争夺战中，美国国际数据公司的麦戈文便一次利用"垃圾债券"融资了 30 亿美元，用以建立光纤通信网以抗衡 AT&T 的铜线网，这一技术上的优势决定性地使美国国际数据公司一跃成为美国巨头。同样的例子还有美国有线电视网（CNN）的崛起。也就是在这一阶段，米尔肯成为市场上"垃圾债券"的垄断者，他控制的"垃圾债券"的市场份额超过了 25%。《华尔街日报》的文章认为，只有他是这个领域中真正具有创新精神的金融家，而不仅仅是投机者，他是努力提高这个市场流动性的唯一做市商。

随着对垃圾债券市场参与度的不断加深，米尔肯及其所属的证券公司发现了一个新的投资机会，即参与到公司的兼并与收购上来。一般来说，兼并收购是强者收购弱者，资金雄厚的大企业吞并弱小的企业。"垃圾债券"颠覆了这一传统观念，为逆向收购提供了有效的途径和手段。许多中小企业及有发展眼光的企业管理者纷纷利用"垃圾债券"市场赐予的良机，以自己小额的自有资金从事超大规模的并购。其中最著名的例子便是 1988 年底 KKR 公司对雷诺烟草公司的收购。当时，该笔收购的价码高达 250 亿美元，但 KKR 本身动用的资金却仅为 1500 万美元，也就是说，在整个收购过程中，高达 99.5% 的资金均是靠发行"垃圾债券"筹得的，收购者所出的本金不足投资总额的 0.6%。

这种由一家小公司利用"垃圾债券"筹资完成对大企业收购的模式，被称为"杠杆收购"。而企业的管理层利用"垃圾债券"筹资以高于市场价的价格回购本公司股票，以摆脱外部控制的模式，被称为"财务重组"。"杠杆收购"和"财务重组"又统称为"举债收购"。在整个 20 世纪 80 年代，通过"垃圾债券"实现的"举债收购"对欧美的金融市场产生了巨大的冲击。据统计，在 1980 年到 1989 年间，全美通过"举债收购"次数累计达到 1 万次，涉及金额上万亿美元。

米尔肯发现并入主为王的"垃圾债券"市场，在 20 世纪 80 年代中后期达到顶峰，米尔肯本人亦招财进宝，1986 年他的薪酬达到 5.5 亿美元之巨，震惊华尔街。而后，"垃圾债券"市场开始衰落，米尔肯也是诉讼缠身，落得个锒铛入狱的下场。

"垃圾债券"的衰退与复苏

20 世纪 80 年代末，随着包括美林和所罗门兄弟公司在内的众多公司的加入，"垃圾债券"市场竞争日益激烈，债券的质量亦不断降低。"垃圾债券"市场开始出现混乱和萎缩，而 1987 年的股灾更为"垃圾债券"市场带来了巨大的负面冲击。"垃圾债券"的发行公司因无力偿还利息而违约的事情多次发生。

1989 年初，米尔肯所效力的德崇证券公司破产，同年 6 月，米尔肯离职。

在"垃圾债券"市场举步维艰之时，美国国会要求储蓄贷款机构出售其持有的"垃圾债券"，美国保险监管部门要求持有"垃圾债券"的保险公司提取更高比例的风险损失准备金。在机构投资者陆续退出和投机者非理性炒作的夹击之下，"垃圾债券"市场进一步坠入深渊。

在一个金融神话似乎结束之后，经济学界立即展开了对"垃圾债券"的声讨，观点如下：

过度负债导致企业脆弱。

债券市场的过度发展将刺激泡沫经济。

高利息的债券会加重企业的成本。

显然，脱离具体案例和当时环境的泛泛而论永远是大而无当、难辨是非的说教。同样的逻辑也可以推出下列的论点：

负债不足导致企业经营效率与资金效益低下。

债券市场的不成熟会限制经济增长。

低息债券会鼓励企业浪费资金。

1986 年 11 月，美国司法部经过周密的策划，以证券欺诈的罪名起诉了米尔肯及其弟弟。1990 年 4 月 20 日，米尔肯服罪，同意检察官提出的掩盖股票头寸、帮助委托人逃税、掩盖会计记录等 6 项重罪指控，并被判处 10 年监禁，赔偿 11 亿美元，并且禁止他再从事证券业。

米尔肯答辩会时，笔者正在美国求学，一个深刻的印象是，正当检察官朱利安尼以正义化身般的自信起诉米尔肯及其同党时，《纽约时报》一连几个月在显要位置刊登一句广告——"迈克尔，我们相信你！"这是一些企业的联名广告，这些企业大多是跻身世界 500 强的新兴巨头，他们是"垃圾债券"的最大获益者。

1993 年，服刑 22 个月之后，由于被确诊患上了前列腺癌，米尔肯提前获释。医生预测他仅剩 12 到 18 个月的生命，自此这位曾叱咤华尔街的金融大师化身为抗癌斗士，捐资 2500 万美元成立前列腺癌症治疗基金会，目前这个基金会拥有全球第一流的研究者、思想家和医生以及实验人员，在现代科技的帮助下，他的生命延续至今。颇为戏剧性的是，当时把米尔肯送进牢房的后来的纽约市市长鲁道夫·朱利安尼得了胰腺癌，后来得益于米尔肯资助的研究，两人最后成了至交。

除了对医学领域的关注，他还积极投身教育领域。1996 年，他和家人朋友一起出资 5 亿美元，创建知识天地（Knowledge Universe）公司，这是一个全方面覆盖知识和教育领域的巨型综合企业，一个人从出生到去世，人生每个阶段所需的知识均可在知识天地公司得到满足。

身为一个投资家，米尔肯开创了整个"垃圾债券"市场。他虽然获刑入狱，并不得再从事证券行业，但是"垃圾债券"作为一种金融工具却并未因此而终结，而是作为中小企业筹资的重要途径和并购领域的重要手段被广泛接受。

1991 年，随着美国经济的逐步恢复，利率水平下行，债券融资重新成为许多企业的选择，而做市商制度的完善也进一步促进了"垃圾债券"市场的发展。大量的机构投资者重新进入这一市场，再加上创新性金融工具的开发，使得"垃圾债券"的流动性和多样化水平均取得了长足进步。从 20 世纪 90 年代中期以后，"垃圾债券"在公司债券中占比平均约为 13%，每年发行量约为 1000 亿美元。而"垃圾债券"市场不再随着经济的波动而大起大落，这标志着该市场逐渐步入成熟期。2002 年前后，美国互联网金融泡沫破灭，导致美国经济开始衰退，"垃圾债券"的违约率虽然有所上升，发行量也有所下降，但是整个市场的存量并未受到太大影响。2008 年经济危机期间，虽然当年美国的"垃圾债券"市场发行总额下跌到 430 亿美元，但是一年后迅速反弹到 1465 亿美元的水平。以全球视野来看，自 20 世纪 70 年代末以来，"垃圾债券"市场发行规模每年约有 13% 的增长率，2009 年发行总额达到 2578 亿美元。

2006 年和 2007 年，"杠杆并购"又掀高潮。2006 年融资超过 2200 亿美元，是 2005 年融资额的近两倍，狂热程度更胜 20 世纪 80 年代。此时，KKR 又创新高，它与 TPG 联手购买达拉斯公用事业公司 TXU，交易总额高达 450 亿美元，相比之下，当年的收购真是小巫见大巫。

反思与启示

根据专门从事高收益债券研究的米尔肯研究所经济学家格伦·亚戈的分析，高收益债券在 20 世纪 80 年代对美国经济至少有两个大的贡献：

一、推动了中小企业的融资和创新活动。长期垄断着美国公司债券市场的发行主体不过是 800 家大型公司，只有高收益债券的大量创造才使得 20 世纪 80 年代中几千家中小企业通过债券融资进入主流市场。许多医药、半导体、通信、网络、电视等新兴企业和产业得到了以高收益债券为主体的长期资本支持。

二、激励了公司重组活动，改善了经营效率和公司治理水平。在 1983 年到 1989 年的高收益债券活跃时期，有 5797 亿美元（大约相当于高收益债券总发行量的 32%）的融资被用于公司收购活动。这些收购活动不仅使具有竞争能力的管理者控制了资源，也使传统产业的更新和转移得以实现。

值得指出的是，高收益债券市场的形成初期不过是在管制之外的民间交易，也为贵族般的几大商业银行和投资银行所不屑，似乎是鸡鸣狗盗的勾当。但是，米尔肯等人坚持不懈的努力赢得了大批中小企业和偏好风险的投资者的支持，也获得了保险机构、信托机构和养老金机构的加盟，最终，高收益债券市场带来的巨大利益迫使所有金融机构都追随而来，终于在 20 世纪 80 年代末期成为真正主流。虽然在 20 世纪 90 年代初期，高收益债券市场曾经有一段低迷，但最终又逐渐恢复成为今天美国资本市场的鼎足。

回顾"垃圾债券"市场和米尔肯个人兴衰历程，有人说米尔肯太聪明，他创造了那个时代，颇有"成也是他，败也是他"的意味。其实不然，20 世纪 80 年代正是美国经济高速发展的时期，是个大时代，是敢闯敢拼的人的时代，就像过去 30 年中的中国一样。20 世纪 80 年代后期，美国的经济向下走，企业自然不容易成功，所以"垃圾债券"市场自然也不景气。所以说，米尔肯的成功不仅是其个人的成功，更是整个社会的成功。如今，整个中国经济的基本面还是向好，这是米尔肯一直看好中国的原因。

说到底，米尔肯和他的"垃圾债券"是金融的创新，是金融工具的创新，对于这种创新，我们应该乐观其成，而不是进行围追堵截。对于目前的互联网金融的创新，有人说互联网是金融门口的野蛮人。其实我们现存的金融体系存在着野蛮人——巧取豪夺，靠特权、靠垄断做合法的高利贷，这批人才是野蛮人。互联网金融是用现代文明来打破野蛮封锁。我做了几十年的金融，我是最主流金融的受益者，但是我痛切地体验到，真正的野蛮人是现存的、不合理的金融体系。本来金融就是老百姓的，几千年来都是，100 多年前突然给官家拿走了，所以金融是从自由到垄新的过程，现在是从垄断中再恢复自由。

我们应当认识到有了金融制度变革的理念，还需要金融工具的创新。传统的商业银行、保险公司，甚至在严格监管下徒有虚名的中国本土投资银行机构都还没有基本的手段来进入这样一个全新的市场。中国中小企业和创新企业都是在过去 30 年中破土而出，与传统金融体系没有血脉姻缘，而且长期被监管机构苛刻审查，只能在有限的自身资本积累、商业信用和少量创业投资基础上建立资本战略，资本饥渴成为发展瓶颈。我们需要"垃圾债券"这类金融工具的创新，特别是来自民间的创新。

一个拥有最大外汇储备和大众储蓄的经济大国，一个长期保持最高投资水平的发展中大国，所有资本都强制性地通过商业银行和政府主导的金融机构投向政府鼓励的产业和产品，甚至低成本地通过国际金融机构来配置闲置资本，而这些投资又大部分以高价（无论从利息和股息来看）投入中国的企业。这样畸形的金融结构需要来自民间资本市场的创新和冲击。

金融创新始终是民间的、市场的创新。监管机构不是创新机构，至多是理解并宽容创新的机构，寄托于监管机构和国有金融机构的工具创新毫不现实。中国的"垃圾债券"和"杠杆收购"市场应当有巨大的空间，我们希望创业家、企业家和金融家能把握时代的机会，在迎合消费者和企业家需求的基础上推动金融工具和市场的创新，也希冀监管机构能因势利导重构中国金融制度和市场的微观基础。

在一定条件下，我们能够超越历史，30 年的高速成长给中国企业家和金融家相当的自信心。但是，这些超越更多是建立在瓦解计划经济基础和全球化溢价的基础上的。今天，我们需要真正的内在市场动力和制度改变的推动。金融工具的创新是重要的机会之一，我们不能也不应超越金融创新的历史。

| 第十八章 |

中国早期的股份有限公司
北京自来水厂

　　1907年秋，军机大臣兼外务尚书袁世凯入宫觐见慈禧太后，刚入殿不久，一个小太监就慌慌忙忙地跑进来汇报宫内某处又"走水"了，走水即失火。北京向来干燥少雨，房屋又多为木材建造，极易发生火灾，皇宫大内也是如此，为了预防火灾，宫廷曾在武英殿前设置激桶处，组织了一支200人左右的激桶兵，所谓激桶就是专门装灭火用水的大水缸。这次宫内失火，虽然被激桶兵奋力扑灭了，但是因为取水不便，还是造成了部分宫殿损毁。慈禧太后颇为无奈地问袁世凯："防火有何良策?"袁世凯赶紧回答："以自来水对。"慈禧便将筹建自来水厂的工作交给了袁世凯，袁世凯又推荐周学熙来具体办理。于是，北京自来水厂的一段传奇经历就此拉开。

中国早期的股份制公司

周学熙是光绪年间的举人，其父曾任两广总督、两江总督等要职。周学熙自幼在天津长大，鸦片战争后他深受触动，放弃了科举仕途，开始致力于实业。后来托关系投到了袁世凯麾下，受袁世凯委托总办北洋银圆局，兼办天津官银号。为此，周学熙曾亲赴日本考察，发现小小日本能与列强并列，全仗着金融业的发达。他认为："金融机关之与实业发展，实大有密切之关系，盖必先有健全之金融，而后能有奋兴之实业，此全在主持运营者，善于利用及维护而已。开发生计以致富强，固非甚难之事也。"由此，他在主持天津官银号期间，发行银两票、银圆票、钱票等，聚积了大量社会资金。又修改天津官银号的《总章程》，申明其宗旨为"维持市面、振兴实业"，以金融之力促进工商业发展。

周学熙在财政和实业界都颇有建树，即便是对供水工程不太熟悉，也不妨碍他很快拟就了《创办京师自来水公司大概办法》，规定自来水厂应遵循现代公司制的方向，性质为"官督商办""一切按照公司商律办理"，拟募集 300万银圆，分为 30 万股，且"专招华股"。这个方案很快被批准了。

考虑到当时股份制公司还是一个新鲜事物，恐招股有困难，周学熙暂从天津官银号里拨出了股本银 50 万元，又承诺每年再拨出 15 万元做保息。有了官府的启动资金后，接下来就要招商集股发行股票了。这件事很快在京城引起了轰动，宣传也很有吸引力："优先认股权，每 10 股可获赠 1 股"；"官款保息，水来于自然，一劳永逸，坐收巨利"；"人人必需，无滞销之虑"等。仅用了3 天时间，招股就顺利地落下帷幕。后来经过核算，发现只需 270 万元即可，便又将 30 万元的官股退了回去，这样就进一步淡化了官办的色彩。

要在京城动土，难度可想而知。经过 22 个月的精心施工，自来水工程终于全部竣工，其中，"来水亭"为圆形两层，一层由希腊式圆柱托起一圈精致的栏杆，二层是圆拱形窗覆以绿色亭顶。这座来水亭在当年用于接收孙河取水厂处理后的水，沉淀消毒后送入清水池，正是起到对水进行消毒处理的作用。将水处理车间设计成如此悦目的一个亭子，即使 100 年后来看，依然那么端庄雅致。

1910 年 3 月，京师自来水公司正式向北京城区供水。刚开始的时候，民众不敢用自来水，因为水中有气泡，被疑为"洋胰子水"。为了打消民众顾虑，周学熙不仅实行免费试用两个月的促销手段，还在《白话报》上打起了广告——"诸位街坊台鉴：我们公司办的这个自来水，是奉皇上的旨意办的，全集的是中国股，全用的是中国人，不是净为图利啊。只因水这个东西，是人人离不开的，一个不干净，就要闹病，天气暑热，更是要紧。所以开市以来，凡是明白人，没有不喜欢这个水的。又有一种不明白的人，愣造谣言，说是洋水啦，洋胰子水啦。我的傻同胞，也就有信的，龙头安到门口，也是不要。唉，京城地面，还是这样不开通，那也是没法子。"

就这样，通过广告宣传，加上水的品质确实高过井水，自来水很快普及开来，公司的客户和用水量大幅上涨，股份制公司由此走上了正轨。

风雨过后是彩虹——公司百年历程

北洋政府统治时期，京师自来水公司更名为北京自来水股份有限公司，虽然名义上是北洋政府农商部管辖，其实股东会依然牢牢地控制着整个公司。只是各路军阀在北京上演"城头变幻大王旗"的好戏，对自来水公司横征暴敛。且军阀混战，不免影响正常业务的开展，致使自来水公司一直进展缓慢。

20 世纪 20 年代末期，北洋政府时代结束。1934 年，自来水公司修改章程，公司更名为北平自来水股份有限公司。因为自来水的需求一直在迅速增加，公司迫切需要扩大生产能力，而公司积累的资金寥寥，无法添置机器设备，只得在原有的 300 万老股的基础上，增发了 200 万的新股。

新股共发行了 50 万股，每股 10 元，股票分为两种，老股占六成为甲种，新股占四成为乙种。增发新股之后，公司的产能虽然得以扩大，但经营状况一直颇为窘迫。公司的运营一方面受到军阀混战、政权更迭的影响，另一方面军人以极为低廉的价格大量用水，也愈发使得公司入不敷出。

"七七事变"之后，日本人侵占北京，北京市改名为"北京特别市"，自来水公司划归"公用事业管理局"管辖。1937 年 9 月 22 日，日本人下村节义成为自来水公司的"顾问"，实际上成了北京自来水公司的"太上皇"，掌管所有大权。不久，日伪市政府直接下令将自来水公司委托给日伪市政府经营。北京自来水公司原为官督商办的股份制公司，股东不仅享有收息分红，更有掌控公司的权力。然而，日伪市政府强行的委托经营，其实质就是公然霸占了私有财产，北京自来水公司变成了"自来水管理局"，大部分董事改由大汉奸担任，如齐燮元、曹汝霖等。在日本人管理自来水公司期间，水价大幅上涨，成为日本人搜刮财富的一个工具，这期间，公司的用户自然是增长缓慢。

1945 年 8 月，抗日战争胜利后不久，国民党政府接收了自来水公司，改北平市自来水管理处，隶属于北京市政府公用局。自来水公司的资产被认定为敌伪资产，对原本私人股东的权益不予承认。原本拥有股权的股东们强烈抗议，要求政府返还股权。在内战战局日趋明朗的情况下，国民党当局方才松口"除逆股外，其余部分应予提前发还"。同时又规定，自来水公司如增加或减少资本、变动公司章程，必须呈请市政府核准备案，仍然试图控制自来水公司。1948 年 3 月，北京自来水公司发还民营，公司改称北平自来水股份有限公司。然而受困于战乱频仍、物价飞涨，自来水事业依然举步维艰。

1949 年 3 月 17 日，中国人民解放军北平市军管会接管了自来水公司，发布命令："查自来水事业关系市民生活，极为重要，自应妥为经营，力求改进，不负全市人民之期望。该公司自三七年三月由旧政府改为官督商办后，逆股和敌伪增建部分迄未清理。兹为便于清理及促进该项事业起见，着自本年三月一日起，由北平市人民政府代管……"

有个别董事申请返还股份，人民政府表示该公司名为私营实际上侵吞了大量公产，而且很多股东是特务或者汉奸，因此大部分财产应该归公，如果查明确系私产，予以承认。

1949 年年底，北京市自来水公司组织财产清理委员会，清理旧自来水公司的资产，将私股股金按照 1949 年 5 月份市场价格的八折进行清算，对特殊资产再加折扣。经过数年的清算，自来水公司正式成为北京市政府所属国有独资公司、国家大型企业。1999 年 8 月 26 日，经北京市政府批准，北京市自来水集团有限责任公司挂牌成立，开始了机制和体制的改革，由计划经济靠政府补贴转向市场经济自负盈亏，并再次筹备上市。

2000 年，北京自来水集团有限责任公司创办北京自来水博物馆，这是北京第一座由企业自筹资金建成的博物馆。博物馆通过大量的实物、沙盘、图片，全面介绍北京自来水 100 多年的发展历史，包括晚清、北洋、日伪、国民党统治时期以及新中国及改革开放后的各个阶段的发展历程，各个统治集团发行的股票，无声地诉说一家公司的产权沿革。

第十九章

日本"广场协议"真相

20世纪70年代之前,人们普遍认为日本是对美国言听计从的跟班,无独立的政治、经济地位可言,一旦日本敢于挑战美国的权威,后果不堪设想,一个经典的例子就是所谓的"广场协议"。在广场协议之前,日本经济飞速发展,美国经济则停滞不前;而广场协议之后,形势出现逆转,美国经济欣欣向荣,日本经济一蹶不振,就此开始了"失去的10年"。广场协议成为美国打压日本成长的武器,由此形成了国际资本市场阴谋论的来源。

被动还是主动

二战以后，在美国的支持下，勤奋的日本人经过几十年的艰苦奋斗，经济迅速起飞，并在 20 世纪 80 年代成为世界第二大经济体，仅次于美国。与此同时，美国却依然陷在越战的泥潭中难以自拔，而"伟大社会计划"更带来了滞涨的后遗症，三大传统产业——纺织业、钢铁业和汽车业，在日本的步步紧逼下，渐渐难以支撑。日本隐隐然有超越美国之势，此时哈佛大学教授傅高义写了一本畅销书《日本第一》。

面对这一局面，里根总统给出的解决方案是重塑"强势美元"，即通过供给经济学理论，积极推进给企业减税，从而起到增强整体经济的目的。彼时，时任美联储主席的保罗·沃尔克为解决通货膨胀，推行高利率政策。两项政策相叠加，吸引了全世界的资本汇聚美国，美元价格狂飙直上。然而"强大美元"并没有带来"强大的美国"，制造业的境况愈发困难。1984 年，美国对外贸易的赤字达到了 1224 亿美元，其中对日贸易逆差约占 40%。面临危局，美国的制造业和华尔街的金融巨头联合起来，督促美国政府运用外交的力量促使日元国际化，以达到日元升值的目的。

美国人的效率很高，美国财政部和日本大藏省很快成立了"日元美元问题协商特别小组"，经过数次谈判达成共识："日元和美元以及德国马克一样，成为世界货币。这样，日本的货币就可以在国际贸易中取得相应的地位。"报告的末尾有这样一句话："长远地看日元的国际化。我们希望日元最后能升值。"

1985 年 9 月 22 日，在纽约中央公园对面的广场饭店里，美、日、德、英、法 5 国财政部长和央行行长，经过几个小时的紧张谈判，最终达成了联手干预外汇市场、压低美元的决定，史称"广场协议"。"美元贬值、日元升值"就此定下基调。在广场协议后的记者招待会上，有记者问日本大藏大臣竹下登："日本为何能容忍日元升值？"竹下登的回答很轻松："因为我的名字叫'登'啊。"在日语中，"登"和"升"的发音相同。事实上，签订广场协议是日本有意为之，至少是不抵触的。20 世纪 80 年代，随着日本经济发展，日本已经开始寻求世界大国的地位，而签订广场协议，是日本认为对世界经济整体发展承担责任的表现。

日本确实获得了实惠。在广场协议签订 6 年后，日元兑美元升值数倍，这意味日本人的荷包大大膨胀起来。日本人挥舞着高币值的日元进行大规模的海外投资，购买了大量的美国企业、不动产，掀起了一股"购买全世界"的高潮。

日本再次"入侵"美国

有个故事特别值得一提：一个日本"暴发户"看中了美国的一栋大厦，合同已经拟好了，金额商定为 4 亿美元。即将交割的时候，日本人忽然提出了一个新的条件，把合同金额提高到了 6.1 亿美元。正当美国人莫名其妙的时候，日本人给出了这样的解释："我发现在吉尼斯世界纪录里，单栋大厦最高售价是 6 亿美元，我愿意多花一些钱，打破这个纪录！"虽然这只是一个故事，却从一个侧面反映了 1986 年到 1991 年间，日本人强烈的购买欲和购买力。这期间，日本对外直接投资达到了 4000 亿美元，令全世界为之色变。巨量的日本资产涌向世界各地，购买了大量名贵的艺术品、矿藏、企业、不动产，其中尤以美国的资产最受日本人的青睐。

1987 年，日本的三菱土地公司购买了位于纽约曼哈顿中心区的洛克菲勒中心。而洛克菲勒中心一直被认为是美国的象征，美国媒体这样评价日本人的收购行为："买走了美国的灵魂。"同年，索尼公司以 34 亿美元的高价买下了哥伦比亚影片公司，并将其改名为索尼影像娱乐公司。几年后，纽约的标志性建筑帝国大厦也被日本人收入囊中。

面对美国人引以为傲的公司、大产业纷纷被日本购买，日本人成为老板的现象，美国的舆论界无法淡定了，惊呼"美利坚被推上了拍卖台"，《纽约时报》也不无忧心地说："总有一天，日本人会把自由女神像也买下的。"时至今日，仍有很多美国人认为只有日本入侵过美国，而且是两次，一次是偷袭珍珠港，一次就是广场协议签订后的"收购美国"。"日本威胁论"在 20 世纪 80 年代末达到顶点，保罗·肯尼迪的大作《大国的兴衰》因此风靡全美。

真是人傻钱多吗

正如上文提到的故事一样，世人很愿意把日本人描绘成一个"傻有钱"的形象。无论是购买洛克菲勒中心、帝国大厦还是哥伦比亚影片公司，日本人的出价都是当时最高的，然而如果把汇率的因素考虑进来，恐怕日本人才是最大的赢家。如今，国内的一些专家学者，对人民币升值的呼声忧心忡忡，其实这未尝不是中国的一个机遇。当年的日本，除了在全世界范围内进行直接投资，国内也借机完成了产业结构升级，这才是广场协议给日本最大的好处。

广场协议之后，日本的经济结构开始转向内需主导型。国内房地产、物流、服务等产业获得迅速发展，为日本经济的发展提供了很大的支撑。日本人的人均国民生产总值也于 1987 年超过美国。同时，随着日元的升值，日本得以以较少的费用进口足够多的资源，资源对日本经济的制约作用不复存在。20 世纪 90 年代，随着泡沫的破灭，日本制造业不得不转型，工业从一般的加工制造型企业转向高技术、高附加值产业，日本特有的精细化管理得到进一步加强。"日本制造"在此时开始成为"金字招牌"，机械、电子、化学品等相关产品行销全世界。

日本国内的产业结构得到了调整升级，而传统行业则逐渐被甩到国外，如汽车、造船等，丰田、索尼等公司纷纷在国外设厂，日本经济真正走向了全球化。日本在海外的资产迅速增加，在 1986 年就超过了"食利大国"英国，跃居世界第一。直到如今，日本的 GNP 也超过了 GDP，位居全世界第一。

是谁造成了"失去的 10 年"

广场协议后不久，日本经济进入泡沫期，并持续低迷，被称为"失去的 10 年"，随着低增长时间的延长，又有了"失去的 20 年"之说。直到今天，日本经济的不景气，很多人依然习惯性地归咎于广场协议，然而在我看来，日本经济低迷的原因更应该由日本政府的政策失当承担责任。

广场协议之前，日本贸易连续五年顺差，对外净资产达到 1298 亿美元，成为世界第一债权国。按照购买力平价衡量，日元兑美元的汇率应为 108∶1，而实际上的名义汇率是 201∶1，日元被明显低估。其实广场协议的本质就是国际协调引导日元价值复位，并无不妥。

广场协议之后，日元持续五年升值，1985 年，日本企业总利润增长了 5.7%，但是出口相关部门利润却下降了 4.8%。次年，钢铁行业甚至出现了亏损，日本出现衰退的预兆。相关产业和许多学者，纷纷建议政府调整利率。然而，日本政府坐视不管，任由日经指数以 30% 的幅度增长，地价以 15% 的幅度增长，对膨胀中的泡沫没有采取任何措施。再后来，更是变本加厉地降低利率，屡创历史新低，期望以此来推动经济高速增长。结果，宽松的货币政策再加上政府主导大肆增加公共事业投入，致使市面上的流动性资本过剩，国际游资和炒家疯狂涌入，进一步吹大了泡沫。1989 年，东京地价相比于广场协议之前，价格提高了近 3 倍，仅东京的地价加起来甚至比整个美国的地价都贵。

日本政府这时才意识到泡沫的严重，匆忙出台货币紧缩政策，大幅度提高利率，竟又创造了历史新高，随后开征"地价税"。在一系列紧缩政策的影响下，泡沫终于被戳破，金融危机爆发。1990 年至 1997 年间，股票和房地产价格大跌，资产缩水约 1300 万亿日元。在此过程中，金融机构的不法勾当被曝光，人们对金融机构的信心丧失殆尽，宁愿把钱藏在家里，也不愿放在银行。20 世纪 90 年代中期，日元迅速贬值，对经济造成了重创。

在日本自顾不暇的时候，中国制造业迅速崛起，由于中国的劳动力成本大大低于日本，日本制造业无力招架，经济愈发陷入困顿，一直延续到今天。

综上所述，促使日元升值的广场协议并非导致"失去的 10 年"的直接原因。陈志武教授甚至认为，正是因为日元升值太晚，才使得泡沫逐渐膨胀，最终不得不品尝恶果。

曾任日本央行副行长的绪方四十郎这样说：许多制造商通过提高生产力水平和外包他们的部分生产活动，已经战胜了日元升值带来的影响。这些工业走向境外，使日本工业趋向空洞，诚然一部分是由于日元升值的影响，但是这是无法避免的，即便没有广场协议。对于任何发达国家，由于劳动成本在该国和其他发展中国家的差距越来越大，那么就会有规避保护主义、进入市场和资源原产地的要求。这一工业外移的过程其实在广场协议之前就已经开始了，并且在冷战结束时已经加速。还有迅速老化的人口也是日本工业外移的另一个原因。

日本真的衰落了吗

日本经济衰落论的证据包括：日本国民的收入降低了、股票贬值了、房产价值一落千丈、内需不振，更有一些日本国内企业濒临破产。随着中国GDP超过日本，日本经济的萧条似乎无可置疑了，真的是这样吗？其实，上述种种现象，只是日本推行明智的经济战略所带来的必然结果，也是日本经济衰落的假象。

随着中国乃至东南亚各国的开发发展，"日本制造"的优势逐渐被蚕食，日本人意识到——只有以全球化的眼光，占领全球各地市场，左右新型工业国家的发展，才能巩固其地位。为此，其对内压缩投资，抑制消费，制造萧条气氛，逼迫有能力的企业向海外转移，同时为必须在国内生存的企业提供市场空间；对外，则以产业兼并、金融兼并为手段，以提高市场占有率为目的，进行大规模的产业转移。这一战略的实施，看起来造成了日本国内经济的萧条，实际上日本的整体经济实力却获得了很大的发展，根本没有衰落。

其一，在经济全球化的今天，从单一GDP来衡量一国经济发展水平并不科学。日本的经济战略表明，其追求的是更符合全球化思维的GNP，随着产业转移战略的实施，日本的海外经济增长速度惊人。2002年，日本的海外纯资产达到16227亿美元，相当于法国、德国、意大利对外纯债券总额的6倍；2004年，日本海外纯资产18270亿美元，同期美国海外纯资产是负38500亿美元，GDP仅占日本经济总量的40%！美国贵为世界第一经济强国，GDP远超日本，但是如果算上GNP，还不如日本强大！从企业来看，日本三菱、丰田等著名企业，其海外收入早已数倍于本土收入，本田汽车在中国市场的收入就已经超过了日本本土企业。就像衡量一个家庭的收入，不能只衡量其在家乡的收入一样，其外地收入也应计算在内，GDP远不能说明日本的经济实力。

其二，日本的经济结构更加合理，服务经济的价值远非GDP所能表达。早在1975年，日本第三产业的从业人员比率就超过50%，进入以服务业为中心的"后工业化"时代。文化传媒、通信网络等产业，稳居世界前列，这些产业的价值不是GDP所能涵盖的。

在全球化扩张和贸易保护主义盛行的当下，日本政府渲染萧条和失败，更像是对其经济战略的掩护，如果这样一个国家还算是失败的话，其他大多数国家早已经崩溃了。广场协议不仅不是"经济领域大规模杀伤性武器"，还是日本经济彻底全球化的催化剂。

第二十章

庞氏骗局和温州跑路潮

次贷危机爆发后，华尔街被千夫所指，而麦道夫的锒铛入狱，被认为是给了华尔街又一个"响亮的耳光"。伯纳德·麦道夫这个曾经德高望重的资深人士，被指控犯有证券欺诈、洗钱、伪证等多达11项罪名，在20多年的时间中，从成千上万的客户中骗取了超过500亿美元的资金。其欺诈的手段被简化为"庞氏骗局"再现，用我们习惯的说法即"拆东墙，补西墙"。结果，麦道夫接受了所有指控，承担了所有罪责，坐实了"惊天巨骗"的封号。值得注意的是，在信息空前发达的当下，近百年前的古老把戏是否还能玩得转？所谓麦道夫"庞氏骗局"背后，又有哪些值得商榷与思考的成因？

不靠谱的"商业创新"

庞氏骗局源自一个叫查尔斯·庞兹的意大利人，他在 1903 年移居美国，从事过油漆工、进出口贸易等多种工作，还曾因为伪造罪蹲过加拿大的班房，又因为走私人口蹲过美国亚特兰大的班房。在追逐"美国梦"的路上屡屡受挫之后，庞兹逐渐发现要致富还得靠金融，于是他来到波士顿，设计了一个投资计划。

在做进出口贸易的时候，庞兹接触到了一种叫作"回信券"的东西，这是一种邮政票据——寄信人为了免去回信人的经济负担，随信附赠一张回信券，用这张回信券即可去当地邮局兑换一张邮票。1919 年，第一次世界大战刚刚结束，欧洲经济受到重创，美国经济则欣欣向荣，理论上来说，用美元购买欧洲的回信券，再拿回美国兑换成邮票销售，应是一个稳赚不赔的买卖。实际上，由于邮票本身价格低廉，再扣去兑换以及销售过程中名目繁多的支出，其实根本赚不了什么钱。

赚不赚钱不重要，只要有一个说得通的商业模式，再加上一套复杂的流程，凭借骗子的自信，庞兹就可以口出莲花。他借钱开了一家公司，向身边的每一个人游说：只需 45 天，即可获得 50% 的收益，3 个月让投资翻番。少数几个敢于吃螃蟹的人，居然如期获得了丰厚的回报。示范效应展开，很多人慕名而来，庞兹的生意越做越大。

庞兹公司获得了 300 万美元的投资，曾经的失败者一跃成为"商业巨鳄"，凭借另类的投资眼光，成功掌权汉诺威信托银行。庞兹彻底火了，在著名公关

庞氏骗局的鼻祖——查尔斯·庞兹

的精心打造下，他的粉丝数量直线上升，有人对他喊："庞兹，你是最伟大的意大利人。"庞兹低调地回应："不，哥伦布和马可尼才是，他们一个发现了美洲大陆，一个发明了电报。"那个人接着说："但是，您发明了钱。"

看起来一帆风顺的生意，实际上不堪一击。当初借钱给庞兹开公司的人，突然跳出来要求庞兹还钱——150万美元。政府开始介入调查，在调查期间，庞兹承诺不再接收投资，且继续支付到期利息。面对危局，庞兹的如意算盘是：说服银行的股东购买一艘价值1000万美元的商船，把之前吸收的投资全部投入到这项新的事业中，投资人的利润将转化为这一业务的股份，以达到为自己洗钱的目的。不幸的是，银行的股东们毫不犹豫地否决了这个提议，庞兹黔驴技穷了。

此时，专家们如梦方醒，他们发现按照庞兹吸收的投资额，他需要购入1600万张回信券，而实际上市面上流通的回信券一共只有2.7万张，根本没有什么回信券，庞兹投资的本质就是用新吸收的投资偿还到期投资的利息，这根本就是一个骗局！最终，如善良的人们所愿，骗子被绳之以法。出狱后，政府赫然发现庞兹居然不是美国公民，于是驱逐了事。

麦道夫是另一个"庞兹"吗

与庞兹相反，麦道夫一直是一个成功者，早年靠着当救生员和安装花园喷水装置赚的钱，创办了伯纳德·L.麦道夫证券投资公司，在股票的买家和卖家之间充当撮合交易的中间人。在20世纪80年代初，这家公司已是美国证券业最大的独立交易公司之一。2000年前，该公司的资产达3亿美元左右。

麦道夫的公司是NASD（全美证券交易商协会）最活跃的公司之一。他极力倡导证券交易的电子化，是NASDAQ（纳斯达克）的主要推动者之一。麦道夫担任过NASD的副主席、董事会成员、纽约地区主席等职，1990年他担任了

NASDAQ 主席。在职期间，他致力于推动和提高纳斯达克内部的透明度和责任感，成功吸引了包括苹果、SUN、CISCO 等公司在内的一流企业，赢得了巨大声誉，可以说麦道夫是现代华尔街的先驱之一。

作为华尔街红人，麦道夫的朋友圈也都是非富即贵的人士。1967 年，麦道夫夫妇就在佛罗里达州的棕榈滩乡村俱乐部买了房，这是名副其实的贵族社区，园丁的数量比居民还多，就连小狗用的公共饮水器上装的都是黄铜水龙头。在高尔夫球场或者鸡尾酒会上，侃侃而谈的麦道夫向来是一个焦点人物，更有一个众所周知的大亨四处为他宣传："我把钱交给麦道夫投资，他做得很好。"精英圈内的口碑传播比一切广告都更为有效，而要成为麦道夫的客户，光有钱还不够，必须要有一个介绍人，这让麦道夫的客户简直成了身份的象征。

麦道夫基金创立以来，一直以稳定的回报著称，回报率虽然不是很高，但是每月总能带来 1% 的持续回报，自创始以来，仅有 5 个月出现负投资回报率，即便是在 2000 年互联网泡沫时也是如此。这使得一些犹太老人将麦道夫称为"犹太债券"，意指其基金犹如财政部发的短期国债一样牢靠。

次贷危机爆发，经济形势急转直下，新客户越来越少，而要求赎回资金的客户却越来越多。终于，有欧洲客户紧急调用 70 亿美元以应对危机，身为公司经理的小儿子安德鲁向麦道夫求援，麦道夫直言公司早已无钱可用，一直在以新客户的投资偿还老客户的利息。安德鲁随后向有关部门报案，惊天巨案大白于天下。麦道夫获刑 150 年监禁，个人财产被冻结。大义灭亲的儿子并未获得原谅，人们质疑他们转移了父亲的非法所得，没完没了的诉讼和索赔接踵而至，甚至不断有恐吓电话打过来。大儿子马克一直找不到工作，也不敢参加社交活动，巨大压力严重影响了他的健康和家庭关系。2010 年 12 月 11 日，马克·麦道夫在纽约的公寓中用狗链上吊自杀，自杀前给他的律师发邮件说："没人相信事实，请照顾我的家人。"

麦道夫一案的受害者名单曝光，法国巴黎银行、瑞士银行、苏格兰皇家银行、西班牙桑坦德银行、野村控股等著名机构赫然在列，著名大导演斯皮尔伯格等名人纷纷中招，投资者总损失超过500亿美元，有人说麦道夫骗了半个地球……

似是而非的骗局

所谓"庞氏骗局"，也就是国内俗称的"老鼠会"，就是打着投资的幌子，许以客观的回报，用后来者的资金给先入者付红利。庞兹"空手套白狼"自然毫无异议，麦道夫诈骗案为庞氏骗局，却颇值得商榷。

庞兹从一开始就是抱着欺骗的目的，整个投资过程从来没有过哪怕一张"回信券"。麦道夫一度拥有"白璧无瑕"的经历，成立麦道夫基金并非以诈骗为目的，金融有风险，受困于经济形势，以隐瞒和欺骗的手段来掩盖失败，抱有坚持下去总会有转机的执念，只是一个谎言总需要另一个谎言来圆，骗局越做越大，这才酿成了惊天大案。对于麦道夫其人自然不足以称道，但是仅将这一切归罪于所谓的人性，而不追究其何以能够屡次犯错是否妥当？

100年前的庞兹，在百废待兴的一战后，利用信息上的闭塞，欺骗了数万普通人，尚且仅仅维持了一年有余。在信息发达的现代社会，麦道夫何以竟能以一己之力欺骗大量精英人士达20多年？很难相信，聪明的精英完全被蒙在鼓里。更合理的解释是，在危机进行彻底清算之后，面对巨额损失，精英们无法承受"愚蠢"的骂名，他们形成集体共识，需要找一个"巨骗"来做替罪羊，以众所周知的古老骗术来做标签，无疑是很好的选择。在这种情况下，麦道夫只能接受这样的安排，成为现代庞氏骗局的最佳代言人。

在庞兹的时代，金融体系远不如如今完善，庞兹一旦被质疑，立即被戳穿。而在现代发达的金融监管体系下，麦道夫的骗局居然能维持这么久，美国的证监会难辞其咎。事实上，对麦道夫的质疑一直存在，1999年，一位署名哈里·马科波洛斯的检举信就寄给了美国证券交易委员会（SEC），详细揭露麦道夫基金的诈骗行为，此后数年他坚持不断检举，直到2008年上半年仍在给SEC写信，揭发"当今世界最大的对冲基金是诈骗"，SEC对麦道夫的调查蜻蜓点水，以"无罪"收场。实际上麦道夫的案件不是在没有监管的情况下发生，正是在监管的环境下发生的，监管者的存在不仅没有起到作用，反而类似于向投资者拍着胸脯保证："这家公司没问题，大家放心吧。"监管者的行为，对于麦道夫来说，无异于变相的鼓励，促使他继续自己的行为。从这个角度来说，SEC何尝不是麦道夫的同谋者？

由此可见，庞兹和麦道夫的骗局，虽有相似之处，却似是而非，将他们一视同仁，不免扰乱视线，让人们忽略不应忽略的细节，而细节往往最值得关注。

温州跑路现象再观察

在拙著《金融可以创造历史1》一书中，笔者曾言历史上所谓的三大泡沫危机，并不是骗子做局、大众跟风的泡沫事件，而是政府操控的利用垄断和权力进行的赤裸裸掠夺。正确理解历史事件，有助于我们吸取教训，调整监管方向，而不是人云亦云、以讹传讹地将所谓的事件天然地与骗子和大众疯狂联系起来，忽略了另一方责任人。

真正的庞氏骗局是恶意诈骗，是无中生有，是不为第二人知道的暗箱操作。倘若，一人做局，几方知情而不作为，那不是庞氏骗局，那是多方共谋。在历史上，在一个短期的时间内，出现真正的庞氏骗局是可能的；在早已步入信息社会的当下，在暗箱操作根本行不通的当下，可以说，庞氏骗局再难重现于江湖。

从历史上的三大泡沫危机，到庞兹事件，再到麦道夫事件，都是资本市场的内生现象，并非传媒宣传和法律宣判所简化的异象，即便屡次发生，也一定是各有千秋，轻易地贴上一个标签容易，深入追究背后的成因则相对复杂。

中国资本市场直到今天还有很多亟待完善的地方，出现各种集资与投机的现象，也是不断迈向成熟的资本市场不可避免的过程，倘若一出现问题就贴上古老的标签，方便一时，却非常危险。破冰的苗头，总在试错中艰难前行，轻易加以否定，无异于毁灭未来的希望。

2011 年 4 月，温州爆发企业"倒闭潮"和老板"跑路潮"，仅从 4 月到 9 月 22 日就有 29 家老板"失踪"，其中仅 9 月 22 日一天就有 9 个老板跑路。一时舆论哗然，地方政府重拳出击，出台五项政策有四项是"坚决打击"，包括坚决打击非法集资、恶意欠薪等；2013 年 7 月底，上海滩最大的保险代理公司总经理陈怡携款跑路，随后被逮捕，罪名是集资诈骗，有关专家认定其经营手法就是一出"庞氏骗局"。

两起事件，跑路者都成了"过街老鼠"，受害者、围观者、媒体、监管者纷纷喊打，各种罪名加诸其上，更有"美女老板"为情人脱罪的桥段作为佐料，营造一场舆论的狂欢。然而，背后的制度和个案的曲折细节更令人深思。如今互联网金融的迅猛发展，使得无数草根投资者和消费者通过网络进入资本市场。P2P、股权众筹和第三方支付等都有巨大的空间导致所谓的庞兹事件发生，监管的缺失和懒惰也会使许多金融创新被轻易地贴上金融诈骗的标签，这是值得我们关注的。

第二十一章

次贷危机的来龙去脉

次贷危机之后，我曾邀请时任美国金融博物馆馆长的Lee Kelleren来中国讨论合作事宜。在中国期间，他在北京国宾酒店做了一场演讲，讨论次贷危机。那次的演讲很成功，他把复杂的金融问题用老百姓能够理解的语言娓娓道来，幽默有趣。在提问环节，有人问次贷危机是不是华尔街的阴谋。他的回答很简单，美国为什么要隔着自己的脑袋去向别人的脚开枪呢？

金融阴谋论是无稽之谈，对于这个问题我已经在上本书中讲过了，这里不再赘述。次贷危机的根本原因是什么？这是一个见仁见智的问题，但过度负债则是大家都看得到的直接原因。很早之前，美国经济学家鲁比尼就曾指出，超过六成的美国人只有靠借钱才能维持之前的生活水平，超过两成的美国人其生活水平已经超过了其收入所能支撑。在房地产价格不断上涨的时候，美国人的负债主要表现在住房抵押贷款，当利率上升，借钱消费的美国人终于无法偿还利息的时候，金融危机随之爆发。

借贷消费与经济繁荣

本书第六章详细介绍了消费信贷的起源。19 世纪 50 年代，缝纫机开始走入美国家庭，是第一个走入美国家庭的"大件"，当时一台缝纫机从 65 美元到 150 美元不等，而普通美国家庭的年收入在 500 美元左右，缝纫机无疑算得上是一种奢侈品。当时最大的缝纫机公司胜家公司，为了促进销售，想出了分期付款的方法，首付仅需 5 美元，每月再付 3 至 5 美元，3 年之内全款付清。轻松的分期付款方案在今天再常见不过，当年却威力巨大，20 年里胜家牌缝纫机共计销售 26 万余台，超过同行们的总和。在胜家公司的示范下，钢琴公司也用分期付款的方式进行促销，钢琴得以走入中产阶级家庭，美国孩子从小就开始学习钢琴了。

数十年之后，工业革命得到充分发展，各行各业的产能获得极大提高，彼时，生产已经不是阻碍经济增长的瓶颈，消费才是。收入增加当然不能一蹴而就，分期付款再一次成为拉动消费的最佳方式，这一次最典型的例子就是汽车。1908 年，福特汽车推出"T 型车"，售价仅为 850 美元，革命性的生产方式，使私人汽车对普通人来说变得不那么遥不可及，福特汽车也因此大获成功。然而，仅靠现金购买，还远远不足以让汽车走进每一个家庭。

1913 年，商人韦弗在旧金山成立美国第一家汽车按揭贷款公司，人们只需预付 1/4 即可将车开回去，剩下的分期付款。1916 年，老福特拒绝了分期付款的促销手段，而通用汽车 1919 年推出按揭贷款，迎来了自己的机会，此后 7 年，打败了福特，迫使福特不得不跟上潮流。这一时期，借贷消费模式在美国得到巩固。到了 1930 年，美国 70% 左右的新车、85% 的家具、75% 的洗碗机、65% 的吸尘器、75% 的收放机，都是用分期付款的方式卖出的，借贷消费成为美国人习以为常的消费方式。

在借贷消费的影响下，美国经济由生产驱动型转变为消费驱动型，其对经济繁荣的贡献是显而易见的。借钱消费的美国人，为了生活上的体面，工作上愈发卖力，创造的价值也越来越多。借贷消费产生良性循环，美国的经济蓬勃发展。从个人的角度来看，借贷消费的个人为了每个月的"月供"，不得不规划自己的财务，渐渐使其养成良好的财务纪律，普遍形成自律精神，这对一个国家的良性发展起到了极为重要的作用。

从缝纫机、汽车到住宅的负债化

随着按揭的广泛运用，房地产行业的按揭也随之发展了起来。房产不同于一般的消费品，涉及金额较大，银行用自己吸收的存款做按揭，自己承担坏账风险，发放按揭贷款比较谨慎，而按揭贷款的期限通常是 15 年、30 年，资金的流动性较差，银行提供按揭贷款的意愿不强，因此美国人的购房需求一直难以获得强有力的金融支持。

　　美国政府希望帮助民众解决住房问题，问题的关键是如何解决按揭贷款的流动性问题。1938 年，联邦国民抵押贷款协会成立，简称"房利美"，其主要功能就是接收银行的按揭贷款。急需资金的银行，可以把自己的按揭贷款合同卖给房利美，房利美支付给银行现金，以解决按揭贷款的流动性问题。

　　可以说，房利美提高了银行发放按揭贷款的意愿，社会上住房按揭贷款的资金多了起来，贷款的利息提高了，可谓多方受益。最初，房利美是一个政府机构，只能购买经过联邦住房管理局担保的抵押贷款，1968 年其成为私营公司，不再受联邦住房管理局担保的限制。1970 年，为了防止房利美一家独大，"房地美"成立，即联邦住宅贷款抵押公司。房利美和房地美的经营业务几乎相同，都受到了美国政府的支持。

　　然而，仅仅依靠房利美、房地美的资金，不能无限量增加按揭贷款资金的供应量。20 世纪 70 年代末，一个叫刘易斯·拉涅利的人从大学退学，在所罗门兄弟公司做信件的收发工作。看到大量的房地产契约堆积在库房，他发现了机会，试图将这些契约重新定价进入流通。他发明了一种叫作"住房抵押贷款证券"的金融产品，将各种住房按揭贷款以可交易证券的形式向资本市场出售。这种将按揭贷款证券化的方法，无疑进一步增强了按揭贷款的流动性，重要的是，把按揭贷款的风险分摊到成千上万个资本市场的投资者手中。

　　随着华尔街的金融机构参与进来，美国的住房抵押债券市场逐渐膨胀，渐渐成为仅次于公司股票市场的资本市场。一般来说，金融机构按照客户的信用等级、收入水平、贷款价值与房地产价值比率等指标，将按揭贷款分为优质贷款、中级贷款和次级贷款，贷款的等级越低意味着违约的风险越大，其利息收入也就越高。

　　以次级贷款为例，其证券化的过程一般是这样的：某机构将收购来的次贷捆绑在一起，以此为基础，发行住房抵押贷款支持债券（RMBS），将这些债券转卖给投资者。投资者获得债券的固定收益，同时也要承担债券违约的风险。

为了满足投资者们不同的风险偏好，RMBS 又分为不同等级，假设这一 RMBS
的基础是价值 1000 万美元的住房抵押贷款，其可能出现四种违约情况，即：
1/4 贷款违约；1/2 贷款违约；3/4 贷款违约；全部违约。针对这四种情况，
RMBS 分为股权级、C 级、B 级、A 级。当有 250 万债券违约的时候，股权级
投资者承担全部损失，当有超过 250 万美元债券违约时，C、B、A 级投资者分
别承担自己投资段位的损失。由于 RMBS 的分级满足了不同投资者的需要，受
到包括养老金、保险公司、对冲基金等不同客户的欢迎，销售的火爆程度一时
无两。

　　然而，证券化的过程还远未结束。由于中间段级的 RMBS 风险较高收益较
大，发行 RMBS 的机构又以这一阶段的 RMBS 为基础，再一次进行证券化，即
所谓担保债务权证（CDO）。CDO 又被分为三个层级，即优先级、中间级、股
权级。CDO 产生的收益或者损失，优先由股权级承担，依次类推。而 CDO 中
间级又可以进行新一轮的证券化，即 CDO 的平方，再往下就是 CDO 的立方。
理论上说，证券化的过程可以不断延伸下去，金融衍生品不断被创造出来。

　　购买 RMBS 或者 CDO 的投资者，还可以选择购买信用违约互换（CDS）。
CDS 是一种保险，客户的风险资产如果出现损失，提供 CDS 的机构将为客户
赔付，客户只需支付一定的保费即可。CDS 的存在，进一步促进了住房抵押债
券市场的繁荣。

风险的转移和放大

　　围绕住房按揭贷款的金融创新，给美国社会提供了巨量的购房资金，也留
下了巨大的结构性隐患。让我们回到这一系列衍生品的源头，次贷借款人一旦
出现问题，通过连锁效应，势必造成灾难性的后果。

　　所谓次贷借款人，一开始只是信用等级偏低的机构和大客户。不过在资本

市场非常高涨的时期，越来越多的普通客户进入市场。加上激励机制的激进，放贷出去就是业绩，就可以拿到奖金。这样，无收入、无工作、无财产的三无人员也成为银行追逐的客户了。银行之所以敢于贷款给他们，是出于两方面的考虑：其一，彼时美联储实行低利率政策，房产的价格一路走高，购房者以房产为抵押，即便是出现违约，银行也可以通过拍卖房产而收回损失；其二，通过金融创新和各种金融衍生品的传导，风险早已被转移了。

风险虽然被转移了，但是并未消失。相反，由于最终的风险承担者无法接触到借款人，往往会人为地低估风险，致使风险增大。而且，各种金融中介机构创造的无数衍生产品更进一步扩大了杠杆力量，不仅一般投资人无法判断，而且专业的投资人也深受其害。

Accumulator（累股证）就是金融衍生品中具有代表性的一种。Accumulator 的全称是 Knock Out Discount Accumulator （KODA），是一种期权产品，一般由欧美私人银行向高资产客户出售，购买这一产品的客户，可以低于现价 5% —10% 的行使价购买股票，当股价超过现价的 3%—5% 时，合约自动终止；当股价跌破行使价时，客户则必须按照行使价购入股份，有时甚至是双倍、三倍地购入股票。

在香港，投行习惯于用中人寿、中移动以及一些中资银行等蓝筹股作为挂钩品种。举例来说，假设中移动的股票现价为 100 港元，KODA 合约规定：10% 折让行使价，3% 合约终止价，两倍杠杆，一年有效。这意味着，投资者有权以 90 港元的行使价逐月购入中移动股份；当股价超过 103 港元时，合约终止；当股价跌破 90 港元，投资者必须按照 90 港元的价格双倍购买股份，直至合约期满。

在牛市期间，对于投资者来说，KODA 简直就是"天上掉下的馅饼"，只需要弯腰捡钱就可以了。比如在 2007 年的牛市期间，香港有超过七成的私人银行以 KODA 的形式购买股票，私人银行客户数虽然不多，但是其资金占香港散户资金的一半以上，这些投资者短线收益超过 20% 的例子不胜枚举。然后，在行情不景气的时候，比如中资股曾出现三成、四成乃至五成的跌幅，投资者也必须按照合约双倍吸纳，连续几个月的跌势，即便是财大气粗的客户也会元气大伤。

金融衍生品，引起杠杆效应，在牛市中可以放大收益，在熊市中可放大损失，Accumulator 也被投资界按照谐音戏谑为 "I kill you late"（我迟些杀死你）。同理，当经济下行时，次贷投资者也迎来了自己的冬天。

2003 年，美国经济出现复苏势头，美联储为了防范通货膨胀，在此后 3 年连续 17 次提高联邦基金利率，导致住房贷款市场利率上升，房价下跌。贷款购房者逐渐无力偿还本息，"断供"现象不断涌现。违约率的上升，致使 RMBS 和 CDS 价格下降，随后多米诺骨牌效应显现，次贷危机演变成了一场全球性的金融危机。

反思与启示

第一，次贷危机本质上是一个过度负债的事件，金融技术已经突破传统负债模式进入复杂的衍生负债模式。这不同于以往的金融危机。

第二，次贷危机又是一个经济结构调整的周期过程，在 20 世纪 80 年代高科技发展和全球经济一体化后一次泡沫的修复，这与商业周期的历史并无不同。

第三，美国、欧洲和中国都及时调整政策，果断介入危机处理，投入干预资金，挽回了大局，表达了现代社会宏观政策和国际合作的有效性。

第四，在次贷危机结束后，美国和欧洲的政府都陆续推出干预、恢复市场机制。但在中国则出现相反的过程，中央和地方政府、国有金融机构获得更多更大的激励，直接管理经济和企业，值得关注。

次贷危机是对社会的一次大洗牌，现代社会的修复能力很强，如今修复过程已经基本完成了。在这个过程中，政府的宏观调控不可避免地大规模展开，然而各国的救助行为却各不相同。美国更多是由市场主导，中国则完全由政府主导，欧洲则介于两者之间。美国经济的恢复效果最好。

次贷危机的另一个原因一直不被大家注意。其实，在信息技术快速发展的背景下，金融依据传统的方式运行，其定价方式、创新手段，明显适应不了新时代大流量、快速运作的趋势，次贷危机不过是其在社会进步的过程中被撞了一下腰而已。我们没有必要把次贷危机看得太重，如果以此为借口拒绝金融改革和金融创新，才会是中国最大的损失。

第二十二章

KKR的杠杆收购

KKR的杠杆收购，这个早期低调的公司屡屡刷新着收购交易的纪录，不出意料地，它的名字常常和这样的形容词联系在一起：最大的、最疯狂的、最冷酷的……若干诸如此类的渲染形容之后，人们往往将其所作所为盖棺论定为"恶意收购"。在金融乃至商业领域，我们似乎已经习惯了"巧取豪夺""贪婪"等义正词严的形容词，却往往会忽视事实背后的真相——如果抛开那些道德领域的指责，可能我们不难发现，这些被视为不道德的商业行为，恰恰促进了社会的进步。

何谓杠杆收购

最初，杠杆收购（LBO）被称为"bootstrapping"，直译是通过拉自己的靴带作为杠杆来拖拽自己，意指依靠自己的力量，也称"步步为营法"。"bootstrapping"一词的起源可以追溯到德国Munchhausen男爵写的一部小说。男爵自称他曾经将深陷沼泽的自己拉了上来，而所依靠的仅仅是他自己的头发。该词后来在更加正式的版本里面重新得到记载，通常适用于一些小企业通过负债杠杆，将自己从商业中的困难境地解放出来。

在第二次世界大战后的几十年中，负债的应用、杠杆收购在美国并不流行。由于其风险性高，人们只是偶尔或者在必需的时候才使用它。20世纪60年代，一些金融思想家认识到在传统的金融法则中存在一些特殊的地方——债务杠杆更应该被视为一种融资工具，而不仅仅是应急的解救措施。他们假定，如果使用得当，巨额的债务不会像过去理解的那样产生巨大风险。于是，把公司视为一种可交易商品的新观点开始兴起，公司也可以像汽车一样被买卖、再买卖，这种新方法可以在短期内获得和控制一家公司。而从传统意义上讲，公司只能是被建立，然后长期持有经营，而不能像二手汽车一样转移其所有权。这一思想的出现为杠杆收购提供了理论支持。

20世纪80年代初，由一批投资银行家为代表的新金融家发起一种新的并购方式，用远远大于股本比例的负债融资方式收购企业。以小购大、以弱购强的事件在资本市场上并不新鲜，用负债收购企业也是正常的，但是在高收益债

　　KKR　老牌的杠杆收购天王，金融史上最成功的产业投资机构之一，全球历史最悠久也是经验最为丰富的私募股权投资机构之一。

券的配合下，用几倍甚至几十倍于股本的负债进行收购，而且一批专业金融家依托供给充沛的高收益债券市场并根据公司的市场价值来设计制造收购事件则是 20 世纪 80 年代的新趋势。

一般的程序是这样的：专业投资者在发现公司价值被市场低估之后，立即向银行融资或发行公司债券（往往是高收益债券），用负债方式来提出收购建议，尽量减少自己投入的股本金。而且，这些投资者往往要求未来的企业管理者同样入股，确定激励机制，保证投资者与管理者的利益一致。收购者特别关注企业的现金流量，如果现金流能够弥补负债的利息支出，而且还有节余的话，那就非常好。在一个长时间内可以完全靠现金流支付负债，同时重组公司、开源节流，提高公司的市场价值，最后在市场上以高价卖出企业，实现价值。由于股本金少，卖出之后的所得主要是自己拥有，从而收购者获得了巨大利润。

其中最戏剧化的事件是，威廉·西蒙，曾在尼克松和福特政府任财政部部长，在 1982 年买下吉布森贺卡公司（Gibson Greetings），16 个月后将其出售，获利 7000 万美元（投资商的收益为最初投资的几百倍）。这起收购案成为华尔街上的热门话题。突然之间，"现金流"成了公司估价的基础，取代了过去的盈利指标。特别是高度负债的方式，启发了一代投资者。根据统计，1983 年到 1985 年间，收购公司时每 1 元股本要配 5 元的负债；从 1986 年到 1989 年时，每 1 元的股本就要配 10 元负债了，许多甚至配百元负债。

在杠杆收购的高潮期，许多专业收购公司创造了许多新融资技术和管理机制，将资本效率与管理效率有机结合起来，在改造一大批成熟企业集团的同时，也为自己创造了惊人的财富。由三位合伙人组成的 KKR 并购集团在不到 20 年的时间里，由 12 万美元起家，竟发展到拥有六家全球 500 强企业，资产超过 600 亿美元。特别是 20 世纪 90 年代初期，KKR 依靠高收益债券融资动用 300 多亿美元一举收购全球最大的烟草食品集团 RJR 更是令业界震惊。有关 KKR 和 RJR 的故事在传媒上已经被大肆渲染或者神化了，正是这种全然不同于传统的金融家作风推动了业界对于杠杆收购的深刻体验，也引发了长达 20 年的争论。

KKR：门口的野蛮人

KKR 是 Kohlberg（科尔伯格）、Kravis（克拉维斯）和 Roberts（罗伯茨）三个人名字的缩写。其中，罗伯茨和克拉维斯是表兄弟，科尔伯格资格最老，是三人中的主导者，他们都曾是华尔街投行贝尔斯登的员工。公司成立于 1976 年，是杠杆收购的开创者，也是美国最早、最大、最著名的专业从事杠杆收购的合伙制企业。刚成立时，KKR 只有 12 万美元，到了 1990 年，它已经可以从机构投资者处筹集到 580 亿美元。20 世纪 80 年代，10 亿美元以上的杠杆收购共有 21 笔，KKR 占据了其中的 8 笔。

20 世纪 70 年代的时候，一些多元化发展的企业集团下属的企业经营不善，而这些企业在进入集团之前都是赢利的，而且企业的领导者也相信一旦脱离集团仍能回到赢利状态。针对这一现象，科尔伯格决定吸引管理层加入杠杆收购的过程，这种交易安排被称为"MBO"，可以促进收购过程及后续经营活动中管理层的配合。当时，华尔街的著名投行如美林、高盛等，并没有意识到这个机会的存在。科尔伯格认为这是一个难得的机会，便说动另外两位合伙人共同成立了 KKR 公司。

经过数年的发展，KKR 以卓越的业绩表现，很快在业内声名鹊起。然而，伴随着公司的成长，合伙人之间的矛盾却越来越深。科尔伯格行事稳重，却偏于保守，和两位年轻合伙人的思维方式渐渐出现了分化。1983 年，科尔伯格患病住院，两年后，当他再回到公司的时候，发现公司没有了他的位置，只得选择退出。KKR 随后进入克拉维斯的时代。年轻人青出于蓝而胜于蓝，公司的业绩狂飙突进，已然成为杠杆收购领域的旗帜和领袖。1988 年，KKR 终于迎来了其发展历程中标志性的一笔业务，这笔业务令它名满天下，却毁誉参半。

1988 年 10 月 19 日，由"香烟大王"RJR 与"食品大王"NABISCO 合并而成的雷诺－纳贝斯克公司董事长约翰逊在投资银行的支持下，以每股 75 美元的价格收购自己的公司，而当日公司股价是 53 美元。约翰逊的出价看似溢价，一些股东对此却并不满意。不久，华尔街的"收购之王"KKR 公司加入雷诺－纳贝斯克公司 RJR 争夺战，经过 6 个星期的激战，最后 KKR 一方获胜，收购价是昂贵的每股 109 美元，整个过程涉及金额超过 310 亿美元，创下了当时的世界纪录。其中，KKR 动用的自由资金不足 1%，其他的资金大多靠高收益"债券之王"米尔肯发行的高收益债券筹得。

这场世纪收购被称为"20 世纪最著名的恶意收购"，当年便被《华尔街日报》的记者浓墨重彩地写成纪实性的畅销书《门口的野蛮人》，并于 1993 年被拍成同名电影。在荧幕上，克拉维斯被刻画成一个贪婪而狡猾的阴谋家，有兴趣的读者可以找到这部电影欣赏一下，中文译名叫《登龙游术》。据说，许多年后，克拉维斯见到公司的实习生在观看这部电影的时候，仍会感到莫名的紧张。

可惜这个震惊世界的收购，最终却迎来一个平淡的结局。KKR 因为这次收购，背负了沉重的债务负担，他们请来的 CEO 郭士纳虽然对雷诺－纳贝斯克公司进行大刀阔斧的改革，但最终也没有起色。KKR 最终选择了放弃，而嗅觉灵敏的郭士纳则是先行一步，去了 IBM 公司，并在 IBM 公司大放异彩。

几点启示

杠杆收购在整个经济体系中至少产生了两个大的影响，一是推动了美国的公司治理结构的改善。早期的美国公司都是创业者缔造的，成功后雇用了一批职业管理者。尽管管理者也非常优秀，但一般没有股权，从而没有太大的业绩激励。自然地，这些管理者更倾向于雇用平庸的人，保证地位的稳定，不愿创新。这样一代代发展下来，管理者就越来越无能了。在金融投资家看来，如果管理层无能、低效率的话，投资家就可以选择好的管理者一起融资收购这个公司的股权，把原来管理者驱逐出去，这样就提高了公司的运转效率。同时，给予新管理者以相当的股权，避免历史重演。这就是真正意义的管理者收购（management buyout），与我们国内通常和产权改革相关的管理者收购全然不同。

另一个影响就是开始注意 Corporate Finance，也就是我们经常说的资本运营。按米尔肯的话说，"资本结构是企业管理的核心，它将提升公司价值"。由于有负债的压力，大家除了关心产品生产外，更多地关注公司的资本结构和融资技巧。詹森指出，金融技术的进步可以淘汰多余资本，提高资本效率成为企业管理的首要功能。事实上，公司融资结构中的负债比率、融资周期、偿付次序、股债之间的可转换性等技术特征对于公司决策的影响都十分重要，需要成熟的市场条件和专业机构来运作。专业的金融家与管理者需要根据市场变化和公司战略来设计融资工具并展现财技，反过来，融资工具的复杂和金融市场的变化也同时制约公司战略的调整。20 世纪 80 年代后的金融家对整个美国经济的推动作用是很显著的，杠杆收购的一个基本条件就是金融市场的成熟。必须有成熟的金融市场，才可以使市场的资金愿意交给那些有眼光的金融家和企业家，允许他们组成"梦之队"，收购企业，提高公司的市场价值。

谈到管理层的作用，必须谈到金融市场的另一种重要重组机制——Tender Offer，也就是标购。每个管理层都有这样一种自然倾向，就是长久维护自己的位置，实现自己的抱负。有些抱负是和股东利益联系在一起的，而也有一些动机是和企业长期股东价值没有关系的。很多企业特别是在繁荣的时候，更多想到成就感，买飞机、买游轮、高额消费，实际是损害了股东利益，而股东又无法制约。因为在美国，股权分散在千百万股民手里，他们不是公司的直接所有者，所以只能以"用脚投票"的方式选择公司而不是管理者，这样就助长了管理层浪费公司资本的情况。如果是在我们国内，也许就会采用政策、教育、道德来约束，在西方则是通过资本市场上的标购来选择。标购主要是指收购者绕过管理层直接面向股东提出收购公司的建议。多个标购者会在价格竞争中表达自己的战略意图和管理能力，在股东和董事会的公开选择下胜出。把整个收购意图公开，这在西方是很普遍的。

标购能够淘汰无能的管理人，提高公司效率，是非常正面的一种工具。所以许多经济学家把标购称为对资本主义的修正，是资本主义的"修理厂"，可以提高资本主义的效率。在任何市场，公司管理都有提高效率的问题。有善意的、谈话的低调方式，也有强劲的恶意方式，这样才能保持管理层的危机感和资源的最大配置。

第二十三章

将世界甩在身后的
风险投资家

在新兴的互联网行业，吉姆·克拉克连掘数井，完成了一项史无前例的创举——创办了三家市场价值均在10亿美元以上但又风格各异的技术公司，大大改变了计算机业的面貌，因此被评价为"今后20年内硅谷最有影响力的名字之一"。作为一个有目标的叛逆者，他一直在改变和打破原有的规矩，改变了人们对于投资动力的认识，让"风险投资"这一观点真正被大家所认识，激发了投资者们对新兴企业的巨大热情——"将世界甩在身后"，他亲手拉开了一个新的创业时代的序幕。

唏嘘往事

1982 年，还在斯坦福大学做助教的吉姆·克拉克拿到了一笔美国国防部提供的研究基金，主要研究项目是设计一套高效实用的计算机运算系统，它可以帮助软件工程师在简陋的电脑上进行实时的三维图形处理，完成高尖端的模型设计。在当时的情况下，这套名为"几何引擎"的发明可以节省大量的劳动量和工作开支，克拉克意识到这是一个有广阔应用前景的项目，干脆辞职自己创业。

克拉克建立了自己的公司——硅谷图形公司 SGI。很快，斯皮尔伯格和乔治·卢卡斯就成了克拉克的第一批客户，《侏罗纪公园》和《阿甘正传》等影片所使用的特效都来自克拉克和他的工程师们。从 20 世纪 80 年代初开始，克拉克招募了一批顶尖的电脑技术天才，他的公司没有刻板和严格的纪律，那些崇尚自由、崇尚挑战的技术天才们可以随心所欲地挑战技术的极限。这样的景象在今天看来是稀松平常，但在当时却是一个异类，完全摆脱了传统的商业管理模式束缚，将技术人才和新技术的开发放在公司的第一位，引领了硅谷的发展方向。

很快，克拉克就在光鲜背后发现了危机。在公司成立之初，由于克拉克缺少创业融资的经验，以 80 万美元将公司 40% 的股权卖给梅菲尔德风险基金。后来公司的发展需要更多的资金，克拉克又一次卖出自己手中的股份，等到公司开始大量赢利的时候，克拉克已经失去了公司的主导权。即便克拉克领衔的技术团队是整个公司运作的核心，但公司的绝大多数股份和董事会的话语权已经掌握在金融家和经理人的手中了，这是美国投资主义的游戏规则。

从此克拉克开始正视风险投资的价值和意义，但是真正引发克拉克和投资者们矛盾的并不仅仅是利益分配，双方对产品设计和公司发展方向产生了巨大的分歧。专注市场的营销团队一再要求产品要兼具简单易用和技术领先，而工程师们认为他们的想法是空中楼阁，根本不可能实现。双方的争执从来没有停止过，终于，一次次争论演变为了激烈的争吵。"所有人都在互相大喊大叫，没有人关心到底是为了什么。"

当华尔街的投资者们厌倦了这一切以后，他们巧妙地转变了公司的企业文化，大批传统的企业营销管理人员成了公司的核心员工。如此一来，克拉克和他手下的天才工程师们，从企业的主体变成了公司的附属，他们甚至被看成是刚愎自用、惹是生非的死硬分子。此时，克拉克已经被剥夺了公司的经营权，手中的公司股份也被削减到了 5%，最后，克拉克被赶出了硅谷图形公司——这个当时硅谷最成功的公司，仅仅只得到了 1600 万美元的遣送费。

硅谷传奇

有了这次失败的教训，克拉克开始转变自己的职业理念。他反思了自己反复无常的情绪化、蛮横的管理手段和重技术轻市场的战略，决定不再只扮演一个单纯的技术研发人员了，而是要成为一名真正掌控公司的领袖，既要引领未来技术发展的趋势，又不能让那些风险投资者们摘走成功的果实。

1994 年初，克拉克发现了一种名为"马赛克"（Mosaic）的软件，这是一种互联网浏览器，主要发明者是刚刚从伊利诺伊州州立大学毕业的 22 岁的马克·安德森。当时没有人（包括安德森）知道这款软件有什么用，但是克拉克却看出了它注定无限光明的前景。早在 1992 年，克拉克就提出了"互联网必将统治世界"的说法，而网络浏览器则是互联网发展的重要抓手。于是克拉克再次网罗了一批优秀的工程师加入他的团队，把公司命名为网景（Netscape），这就是标志互联网时代到来的马赛克浏览器和网景公司。

很快克拉克和他的新公司就成了世人关注的焦点，很多强大的科技企业都意识到了巨大的威胁，连盖茨的微软公司都将网景作为自己最强大的假想敌。与此同时，更多的人开始意识到，互联网将是 IT 行业未来发展的方向，而克拉克此时已经跑在了这些人的前面。18 个月后，克拉克成了历史上第一位互联网亿万富翁，身家逾 25 亿美元，网景公司也被誉为美国历史上最成功的IPO。

也许是为了证明自己的成功不是撞大运得来的，很快克拉克又创办了Healtheom 公司，通过为医生和医院提供在线医学数据的传输而引发了医疗护理业务新的革命。靠着他的风险投资，Healtheom 公司稳稳地走过了 3 年的时光，等到 1999 年才公开上市，随后迅速从喧哗的股市中脱颖而出，成了创业板的新宠。

重要的是，克拉克没有停下自己投资的脚步，他用一双慧眼和雄厚的财力支持那些新兴的企业。当苹果股价还在 1000 美元以下时，克拉克快速地买入了大批苹果股票，同时反手做空传统手机厂家如摩托罗拉、诺基亚、黑莓等公司的股票。随后，他又斥资 4000 万美元投资 Facebook、3000 万美元投资Twitter，尽管当时二者还没有找到真正的盈利模式。历史证明，克拉克的选择是正确的，投资者也在他的成功典范鼓励下对新兴企业注入了巨大的热情，一个新的创业时代在他的引领下拉开了序幕。

重塑投资模式

"风险投资"的起源可以追溯到 20 世纪六七十年代的美国。当时那些愿意承担高风险的投资人往往会去寻找一些高回报的投资项目，一旦他们发现了一个未开采的"创业金矿"，就会毫不犹豫地扔下去一大笔投资，看看能挖出什么宝贝来。但是不同于银行抵押贷款的方式，投资者没办法从创业者那儿获得任何抵押物，也不能让创业者为自己的投资背书。如果创业成功了，他们将获得几倍、几十倍甚至上百倍的回报；但是一旦失败了，之前砸下去的大笔资金就可能付诸东流。20世纪八九十年代，也就是吉姆·克拉克的年代，正是由于以他为代表的一大批成功典范的出现，风险投资瞬时热销，进而被世界各国所追捧与借鉴，一直成功发展到今天。

风险投资的运作从一开始就是个极其严谨的工作，其中发挥主导作用的是专业的投资机构和专业化人才。在融资阶段，养老基金、保险公司、商业银行、投资银行、大型公司、私密家族甚至是大学捐赠基金都会参与其中，它们把自己的闲置资金拿出来组成风险资本，委托自己信任的管理者进行下一步的工作。最初，风投资金和银行、保险公司这样的传统投资来源之间的关系并不那么融洽。渐渐地，当人们很快意识到可以"共赢"后，越来越多的传统金融机构开始涉足风险投资。

接受风险投资就意味着一定的风险。在互联网时代，越来越多的创业者来自理工科毕业生特别是网络工程师，商业头脑和市场意识或许不是他们擅长的，这时候服务周到的风险投资机构就会提供一揽子帮扶计划，这也是风险投资区别于其他投资的重要方面。但是一旦投资者们意识到自己的投资对象是个不听话的"坏孩子"，他们通常就会果断换将。

显然，对于手握大把资金的风险投资机构来说，如何"花钱"是门大学问。常规的做法是广撒网，他们会到处寻找那些具有投资潜力的新兴企业和项目，风险投资家、技术专家和投资顾问们则会对潜在的投资热点进行调查和评估。

很多时候，风投不再是一个单方面申请资金的行为，更主动的是那些手上有热钱的投资者。当克拉克在创办网景公司之时，被称为"西海岸华尔街"的沙山路上数百家声名显赫的风险投资公司很快获得了这个消息，随后他们开始伸出触角，希望能够获得机会再次投资克拉克的新公司。不过这次克拉克的态度十分强硬，他评估了新公司的总价值，要求风险投资家提供三倍的价格来购买新公司的股权。苛刻的条件反而让原本有些犹豫甚至不太看好他的投资者们坚定了信心，果断地买下了公司的股份。

这一举动产生的影响无疑是深远的，此前风险投资行业遵循的准则是不为那些新创立的技术公司投入大批资金，一般要等到其出现至少连续四个季度的盈利。克拉克改变了这一切，网景公司的成功让这个保守的策略一下子过了时，从此新兴公司不需要稳定的盈利历史，只需要证明自己能够迅速增值就能够获取大批的投资。克拉克和网景公司的成功，让投资者们不再强调公司的过去和现在，而将目光投向了未来。

一旦发现新概念，就立刻抛出来换取资金，随后再招募一群才华横溢的工程师去实现它——这就是克拉克创造的互联网时代风投模式，看似简单粗暴，却能获得巨大的收益。当然，克拉克式成功背后有着强烈的时代特色：一方面，以硅谷为核心的软件行业开始迅猛发展，新技术公司的启动资金要求不高，几名高技术人才配合一个好的 idea 就能取得良好的业绩；另一方面，高科技公司受到了当时美国股票市场尤其是纳斯达克的追捧。

伟大公司源于风投

细数那些新兴的伟大企业，就会发现它们成立时得到的第一笔钱既不是从银行里借来的，也不是通过上市获取的，而是由风险投资供给的。尤其是互联网企业，以网络为基础，从事 IT、电子商务、软件开发，如 Facebook、百度等，得到的第一笔钱都是风险投资。可以说，从吉姆·克拉克开始，时代变了，衡量一家伟大公司的尺度改变了，今天不再是看银行、上市，而是看风险投资。

由此，风投不仅仅是一种商业投资的手段，更成了衡量企业未来发展前景的标杆。

数字是不会说谎的。早在 20 世纪 90 年代中期，欧洲的经济学家就发现那些接受了风险投资企业的成长速度、收入年增长率和年就业增长率比传统欧洲 500 强公司高出数倍。创业者、投资者、风险企业经营者三者间的关系愈发协调完善，一套包含了风险管理体系、分散投资组合和资本退出计划的严密体系已经初见端倪。在这样的背景下，经济学家指出，如果传统的大型公司还不进行有效的针对性措施的话，它们肯定会在风险投资和新兴企业的双重夹击下败下阵来。果不其然，后来的柯达、曼罗兰、HMV 以及诺基亚都走上了这条不归路，这背后最大的原因就是风险投资在推进技术和经济的转化上更为敏感和有效。

科学技术是第一生产力，但科学技术只有和经济有机地结合在一起，才能真正成为强大的竞争优势。风险投资的发展历史表明，它是促进技术创新、增强市场竞争力的一种原动力。你可以嘲笑它赤裸裸的逐利心，但是不能否认它在把握市场、推进企业发展中所起到的巨大作用。

对于中国市场来说，风投已经不再是当初那个被打上"忽悠"标签的产出模式了，今天它已经渗透到了各个商业领域。如果说在 20 世纪 90 年代，风险投资在中国投资的企业还集中在新浪、搜狐、阿里巴巴等互联网企业的话，那么新一轮的风投热潮开始向更广泛、更传统的领域蔓延。教育培训、餐饮连锁、商品零售、家政服务、连锁酒店这些以前和风投八竿子打不着的行业，目前在风投的帮助下，已经出现了连锁品牌，形成了整体效应，呈现出较高的回报率。

图书在版编目（CIP）数据

金融可以创造历史. 2, 大国崛起的秘密 / 王巍著
. -- 北京：中国友谊出版公司, 2021.4
ISBN 978-7-5057-5128-6

Ⅰ.①金… Ⅱ.①王… Ⅲ.①金融－经济史－世界－
通俗读物 Ⅳ.①F831.9-49

中国版本图书馆CIP数据核字（2021）第023298号

书名	**金融可以创造历史. 2, 大国崛起的秘密**
作者	王　巍
出版	中国友谊出版公司
发行	中国友谊出版公司
经销	北京时代华语国际传媒股份有限公司　010-83670231
印刷	北京盛通印刷股份有限公司
规格	690×980 毫米　16 开
	15 印张　200 千字
版次	2021 年 4 月第 1 版
印次	2021 年 4 月第 1 次印刷
书号	ISBN　978-7-5057-5128-6
定价	78.00 元
地址	北京市朝阳区西坝河南里 17 号楼
邮编	100028
电话	（010）64678009